网信资源潜力调查理论与方法

周　正　赵　弘　主编

国防工業出版社
·北京·

内容简介

本书针对网信资源潜力调查领域多、资源分布广、数据信息杂、手段要求高等特点，聚焦网信资源潜力调查的定义内涵、现状趋势、地位作用、主要内容、基本方法、机制流程、分析评估等基本理论问题开展针对性研究，为提高网信领域和行业相关人员的国防动员意识、提升开展网信资源潜力调查的能力素质提供支撑。

本书可作为军地从事国防动员工作专职人员的业务参考书，也可作为军地开展国防动员潜力调查培训的专用教材。

图书在版编目（CIP）数据

网信资源潜力调查理论与方法 / 周正，赵弘主编 . 北京 ：国防工业出版社，2025. 8. -- ISBN 978-7-118-13786-6

Ⅰ. G255. 76

中国国家版本馆 CIP 数据核字第 2025LV4023 号

※

国防工業出版社 出版发行

（北京市海淀区紫竹院南路 23 号　邮政编码 100048）

三河市天利华印刷装订有限公司印刷

新华书店经售

*

开本 710×1000　1/16　**印张** 11½　**字数** 198 千字

2025 年 8 月第 1 版第 1 次印刷　**印数** 1—1500 册　**定价** 88. 00 元

（本书如有印装错误，我社负责调换）

国防书店：（010）88540777　　书店传真：（010）88540776

发行业务：（010）88540717　　发行传真：（010）88540762

编 审 人 员

主　审　杨清杰

主　编　周　正　赵　弘

副主编　张三虎　石　展　郑红艳

编　写　周　正　赵　弘　张三虎　石　展　郑红艳
　　　　　郝　红　丁　锐　马　莉

校　对　马　莉

前　言

当前，国家和地方网络安全和信息化建设跨越式发展，网信行业已经成为国防动员各业务领域最有代表性、最有活力，动员潜力分布最广泛、最复杂的行业之一。网信资源潜力调查较之传统的国防资源潜力调查，呈现出专业领域新、潜力分布广、数据更新快、手段要求高等特点，亟需围绕网信资源潜力调查的定义内涵、主要特点、任务要求、主要内容、基本方法、机制流程、分析评估等基本理论问题开展针对性研究，为提高网信领域和行业相关人员的国防动员意识、提升开展网信资源潜力调查的能力素质提供支撑。

本书共分为六章。第一章，网信资源潜力调查概述，主要介绍网信资源潜力调查的定义内涵、主要特点、主要分类、任务要求、建设现状、发展趋势等内容。第二章，网信资源潜力调查内容，主要介绍确立网信资源潜力调查内容的重要性、应遵循的基本原则，网信资源潜力调查的主要内容等。第三章，网信资源潜力调查方法，主要介绍网信资源潜力调查常用的普查法、重点调查法、抽样调查法、电子统计法、报告法等基本方法，进而借鉴国家网信资源潜力调查相关实践经验，介绍基于“云平台”的网信资源潜力调查方法创新构建问题。第四章，网信资源潜力调查准备与实施，主要按照网信资源潜力调查准备、实施与总结的 20 余个基本环节，系统介绍开展网信资源潜力调查组织问题的基本流程和工作重点。第五章，网信资源潜力调查数据管理，主要介绍网信资源潜力调查数据的管理、使用与维护等内容。第六章，网信资源潜力调查指标体系与评估模型，主要介绍网信资源潜力调查的指标体系和评估模型构建等内容。

本书由周正、赵弘主笔，张三虎、石展、郑红艳同志参与了部分章节撰写工作，丁锐、马莉、郝红等同志参与了书稿统稿、校对等工作。受编者能力水平和工作经验所限，本书难免有错漏之处，敬请广大读者批评指正。

编　者

2024 年 11 月

目　录

第一章　网信资源潜力调查概述

信息时代，以网信产业为主导型产业，以信息经济为基础型经济，以信息网络为主要标志的网信资源，构成了信息化社会形态，并孕育出信息化战争形态。在信息化战争中，决定战争胜负的关键性因素已不再是体能、热能，而是信息能，网信资源成为信息化战争的强大物质基础。在未来的军事斗争中，要确保打赢，必须充分利用民用网信资源，提高信息情报、信息保障、信息作战和信息安全防护能力。而要充分利用网信资源，首先需要在全国范围内展开网信资源潜力调查。可以说，新形势新体制下，网信资源潜力调查是网信动员的基础，是开启国家网信资源宝库的“金钥匙”，也是开展网信动员的重要保证。因此，在国家的网信动员工作体系中，网信资源潜力调查是工作的首要环节，加强潜力调查统计研究与实施，已经成为当代军事斗争准备的一项重要内容。

第一节　网信资源潜力调查定义内涵

2023 年 7 月，习近平总书记对网络安全和信息化工作作出重要指示强调：深入贯彻党中央关于网络强国重要思想，大力推动网信事业高质量发展[①]。为切实把习总书记指示精神落到实处，应当扎实推进网信资源开发利用，深入开展网信资源潜力调查，切实把国家和民用的网信资源有什么、在哪里、如何转化等问题搞清楚。因此，要把网信资源潜力调查工作开展好，首先应对这项工作的基本定义和概念内涵进行系统研究。

---

① 新华社．习近平对网络安全和信息化工作作出重要指示强调：深入贯彻党中央关于网络强国的重要思想　大力推动网信事业高质量发展［EB/OL］．（2023-7-15）［2024-02-01］．http://www. gov. cn/yaowen/liebiao/202307.

一、网信资源潜力调查的基本定义

关于网信资源潜力调查的基本定义，目前还没有权威的解释。但网信资源潜力调查是国防资源潜力调查的重要组成部分，既要遵循整个国防资源潜力调查的一般规律，又要遵循网信动员的特殊规律。

根据逻辑学对定义的经典界定方式，一个标准的定义可由“种差”+“属概念”构成。“种差”是指被定义的某一客观事物区别于其他事物的最根本的内涵特征；“属概念”，则是该对象的学科门类归属。比如，苹果树，是产苹果的蔷薇科苹果属植物。这里的“产苹果”，就是“苹果树”这一定义的种差，反映的是苹果树这一客观事物，区别于其他事物所具有的根本特征，它产的不是梨子、不是香蕉，产的是苹果；“蔷薇科苹果属植物”，则是“苹果树”这一定义的属概念，反映的是苹果树这一客观事物的学科门类归属，它不是花，也不是草，而是“蔷薇科苹果属植物”。因此，“种差”+“属概念”，从本质上就构成了一个客观事物的定义。不论某一客观事物有多复杂，属性有多少，从本质上都可以按照“种差”+“属概念”的方式来定义。

那么，回到“网信资源潜力调查”这一定义上来，其“种差”和“属概念”可以分别这样进行定义：

种差。前文提及，种差所要解决的是，被定义的客观事物区别于其他事物所具有的最根本的内涵特征。对于“网信资源潜力调查”这个定义来说，它的种差，应该包括 4 个要素：为什么做？谁来做？做什么？怎样做？把这 4 个问题解决了，“网信资源潜力调查”的种差就形成了。一是为什么做？应该是“为满足网信动员的需要”，而不是其他领域动员的需要。二是谁来做？应该是“国家、政府相关机构及各类军事机关”，这是因为，网信资源潜力调查是国家行为、组织行为，而不是个人行为。三是做什么？应该是把“以网信产业部门为主的行业系统领域的网信资源状况”搞清楚，是摸清网信资源底数，而不是其他资源底数。四是怎样做？应该是通过数据搜集、管理和分析评估等方式来做。从这 4 个方面就可以得出，“网信资源潜力调查”定义的种差应该是“为满足网信动员的需要，国家、政府相关机构及军事机关，对以网信产业部门为主的行业系统领域的网信资源状况进行数据搜集、管理和分析评估”。这样，“网信资源潜力调查”作为被定义的对象，它所区别于其他客观事物的内涵特征就表现出来了。

属概念。“网信资源潜力调查”定义的属概念显然应是“调查统计活动”，这是对“网信资源潜力调查”这项工作的最终定位，归结为“调查统计活动”，而不是其他活动。

这样按照“种差”+“属概念”的定义方式，就可以得出“网信资源潜力调查”的完整定义：**网信资源潜力调查，是为满足网信动员的需要，国家、政府相关机构及军事机关，对以网信产业部门为主的行业系统领域的网信资源状况进行数据搜集、管理和分析评估的调查统计活动。**

二、网信资源潜力调查的概念内涵

前文提及，“网信资源潜力调查”定义的“种差”包括4类要素：为什么做、谁来做、做什么、怎样做，可以进一步把它们归纳为“网信资源潜力调查”的行为目的、行为主体、行为客体、行为方式。行为目的，就是网信资源潜力调查究竟是为了什么；行为主体，就是“网信资源潜力调查”这项工作由谁来做；行为客体，就是网信资源潜力调查这项工作究竟要做什么、调查什么；行为方式，就是网信资源潜力调查究竟怎样来做；应分别予以研究。

（一）行为目的

网信资源潜力调查，顾名思义，它的行为目的，从理论上看，是网信资源潜力调查想要达到的结果，也是网信资源潜力调查的基本依据之一。从实际上看，应该是摸清网信资源潜力底数，为调整潜力布局、加快潜力建设、完善动员方案奠定坚实基础，更好地满足网信动员需要。由此可见，网信资源潜力调查是一项有计划、有组织的主观见之于客观的活动，其行为目的极其明确，具体内涵可以概括为以下两个方面。

1. 掌握网信资源潜力现实状况

1）使网信资源潜力现实状况由隐性转化为显性

和平时期，民用网信资源潜力都是分布于网信产业的不同领域中，呈现出一种隐性的状态。掌握网信资源潜力现实状况的首要关键点就是使这种隐性转化为显性。具体来说，潜力调查的目的之一就是掌握网信资源潜力现实状况。网信资源潜力现实状况主要由五部分组成，它们分别是：网信资源潜力现有数量、质量、种类和性质，网信资源潜力的分布与隶属关系，网信资源潜力的社会与军事开发及管理情况，各种网信资源潜力信息与技术含量、相互匹配情况，现有网信资源潜力的结构、历史发展情况及发展趋势。因此，开展网信资源潜力调查，就应使网信资源潜力现实状况由一般的客观现象变成可以观察、运用的数据和结论，切实把不同功能的潜在分散状态集聚成一种整体待机的备用状态。

为了切实把网信资源潜力现实状况由隐性转化为显性，就必须建立网信资源潜力数据库，了解掌握本地区可供动员使用的网信资源的规模、布局、结构、质量、发展变化等情况，为制定网信动员建设规划和动员预案、提高网信动员工作决策和综合应用水平奠定基础。

2）切实掌握网信资源潜力的动态变化情况

掌握网信资源潜力现实状况的第二个关键点是必须了解这种现实状况是不断变化的。为了准确掌握网信资源潜力动态变化的阶段实情和发展轨迹，也要求国家和政府必须对网信资源潜力进行调查统计，并且要持续不断地进行。网信资源潜力调查的过程，实质上就是对网信资源潜力的了解摸底过程。国家和各级政府及其相关机构只有真正了解和掌握本区域内的网信资源潜力现实情况，才能制定出周密、详细、可靠的动员计划乃至国家的国防战略和军事战略，有针对性地调整网信资源发展政策与网信产业结构布局。当威胁来临时，也才能顺利地组织实施动员，使网信资源潜力完成向国防实力的转化，保障战争需求。

2. 了解动员准备程度

开展网信资源潜力调查的另外一个直接目的，是使国家真正掌握各地区网信产业相关单位的动员准备程度。

网信资源潜力调查仅仅了解网信资源潜力现状只是粗浅的，只有掌握国家和各地区网信产业相关单位的动员准备程度才是深层的，具有更大的意义，才能为日后的动员工作改进和完善，以及动员计划的制定提供参考。因此，开展网信资源潜力调查，应通过全面调查统计或抽样调查统计等多种形式和方式，采集、分析、整理数据信息，并将其登记备案，使各级主体切实掌握本级潜力状况和网信动员准备程度，为调整网信资源潜力结构、布局、发展计划，加强网信动员准备与制定有针对性的国家军事战略政策提供基本依据，为需要时组织开展网信动员做好必要准备。

（二）行为主体

前文提及，“网信资源潜力调查”的行为主体是“国家、政府相关机构及各类军事机关”，那么，具体应该包括哪些国家、政府相关机构及军事机关？关于网信资源潜力调查的行为主体问题，不能凭空想象，而应从相关的法律、法规中来寻找答案。

《国防动员法》第十九条规定，“县级以上人民政府统计机构和有关部门应当根据国防动员的需要，准确及时地向本级国防动员委员会的办事机构提供有关统计资料。提供的统计资料不能满足需要时，国防动员委员会办事机构可以依据《中华人民共和国统计法》和国家有关规定组织开展国防动员潜力专项统计调查。”

由此可见，“网信资源潜力调查”的行为主体应当是国家、政府及其相关机构，包括各类军事机关，主要有 4 类：一是各级国防动员委员会；二是各级国防动员委员会办事机构；三是县级以上政府统计机构；四是有关部门，包括网络安全和信息化相关领域的政府部门、企事业单位等。

（三）行为客体

客体就是主体的调查范围和对象。应该说，网信资源潜力调查的行为客体，也就是调查的范围和对象是很广泛的，调查的范围覆盖了信息网络资源潜力、信息服务业潜力、信息设备制造业潜力、信息领域教育科研潜力和电磁频谱资源潜力等方面；调查的对象包括调查统计区域内的各个部门、团体、企事业单位和个人。

（四）行为方式

从前文给出的“网信资源潜力调查”定义可以得出，这项工作的行为方式是“数据搜集、管理和分析评估”，解决的是这项工作“怎么做”的问题。为切实解决“怎么做”的问题，一是要有科学的调查统计方法，二是要合理地组织实施。

关于网信资源潜力调查方法，其是统计学领域内的各种统计手段和各种调查具体措施。具体的统计手段有普查、重点调查、抽样核查等。比如，当使用抽样调查方法核对各单位采集的动员潜力数据时，一般的做法是抽取样本不少于 30%，样本准确率不低于 98%；对准确率低于 98%的，抽样率扩大到50%，仍达不到标准的应适时“回炉”，重新组织调查核对。从目前的相关实践看，网信资源潜力调查统计既有各种一般方法，也有一些专门方法，构成了一个多元结构的方法体系。网信资源潜力调查方法的多样性，使各级各类主体在不同领域和不同内容的调查统计中具有很大的灵活性和可选性。

关于网信资源潜力调查的组织实施，通常应按照准备程序、实施程序、总结程序来进行，在本书第五章“网信资源潜力调查准备与实施”中将专门进行论述。

三、网信资源潜力调查的主要特点

网信资源潜力调查从本质上讲属于调查统计行为，但是作为一项特殊的调查活动，具体表现出的基本特征又有其自身特色，其特点表现为以下五个方面。

（一）调查内容的针对性

前文在分析定义时提及，网信资源潜力调查，是为满足网信动员需要，所开展的调查统计活动。因此，在设计潜力调查内容时，就应该紧紧围绕贯彻军事需求来进行设计，始终坚持军事需求牵引，突出网信资源潜力调查内容的针对性。例如，应当把与网信资源潜力调查直接相关的通信信息、网信资源、频谱管理等行业领域作为潜力调查的重点，并进一步细化每一个具体项目应贯彻的国防要求。这样在开展相关潜力调查工作时，就可以根据这些国防要求来有针对性地开展调查。可见，网信资源潜力调查的内容，是很有针对性的。

（二）调查对象的广泛性

网信资源潜力调查的广泛性包括以下三个方面：一是调查的领域和内容很广泛。网信资源潜力调查的范围覆盖了信息网络资源潜力、信息服务业潜力、信息设备制造业潜力、信息领域教育科研潜力和电磁频谱管理资源潜力。二是调查的对象很广泛。网信资源潜力调查具有一定的普查性质，调查的对象几乎覆盖网信产业链的所有部门、机构、团体和个人。三是调查采集的数据具有完整性。由于网信资源潜力调查采集的数据涉及国防动员决策与军事战略方针等方方面面内容的制定，因此其登记统计所含要素较多，综合信息比较详尽，数据应具有完整性。

网信资源潜力调查的广泛性还体现在，即使是某一特定领域、某一专项网信资源潜力调查，其调查的范围和对象也是很广泛的。以互联网领域的潜力调查为例，2024 年 3 月，由中国互联网络信息中心发布的《第 53 次中国互联网络发展状况统计报告》，虽然只是针对“互联网”这一特定对象开展的专项潜力调查，可是涉及的调查对象也是很多的。比如：在互联网基础资源调查方面，调查对象就涉及了工业和信息化部、中国电信集团等数十家政府机构和企事业单位；又比如，在共享单车数据、政府应用数据、网络安全数据等方面，也分别调查了相关领域企事业单位的潜力数据。

可见，做到潜力调查对象尽可能的广泛、调查样本尽可能的多，是保证网信资源潜力调查结果真实可信的重要前提。

（三）调查组织的统一性

网信资源潜力调查范围广、涉及对象多，且是遵照法律法规、属于国家和政府的集体行为，因此必须统一组织，才能尽可能达成潜力调查目标。

《中华人民共和国统计法》规定：“重大的国情国力普查，需要动员各方面力量进行的，由国务院和地方各级人民政府统一领导，组织统计机构和有关部门共同实施。”网信资源潜力属于国家的重大国情国力，其涉及面广、专业性强、技术要求高，关系到国家的国防决策和军事战略方针制定，是国家和各级政府、单位与个人必须遵守的重大国防事项。因此，网信资源潜力调查应由国家和各级政府的国防动员委员会统一组织领导，由指定的机构和人员具体组织和执行，其他任何社会团体、个人都无权组织开展。下级调查领导、组织、执行机构和调查统计员都必须坚决服从上级的领导、检查和监督，任何社会团体、单位和个人都必须主动配合和支持调查统计员与调查统计机构的工作。调查统计机构和调查统计员必须严格按照统一的调查统计方案和登记统计表格，采取规定的方法，严格、规范地进行数据、信息采集和登记统计。

从我国网信动员建设及潜力调查的相关实践看，为确保网信资源潜力调查工作落到实处，应当做到“六个统一”，即统一的调查时间、统一的调查内容、统一的数据标准、统一的调查方法、统一的工作步骤和统一的系统软件。比如，从“统一的数据标准”看，应当统一规范潜力调查内容的表项分类、要素名称、规模型号、计量单位等，对关键表项内容逐项说明填报要求，使调查对象能够更好地理解国防需求、更好地按照统一标准提供潜力数据，从而使潜力调查工作更加高效。

（四）调查实施的严谨性

网信资源潜力调查是以准确获取秘密性国防数据信息为目的的重大国情国力调查，其本身既是一项社会性的系统工程，也是一个重要的国防行为。因此，在网信资源潜力调查的组织实施过程中，必须在统一规定的时间内，按照统一的计量标准、统一的内容表格、统一的标准时间、统一的调查方法、统一的工作步骤和统一的工作进度进行。实施电子调查时，还要使用统一的系统软件，执行统一的数据标准。只有这样，才能确保逐级采集、整理上报的数据资料具有一致性和可比性，上级也才能对各种数据资料进行统计汇总。另外，网信资源潜力调查统计机构和调查统计员可根据实际情况灵活采取适当的有效方法进行处理。但这些方法必须在上级规定的范围内，并应在登记统计表格中注明调查方法和信息来源。需要采取上级规定外的调查方法时，应先报请本级国防动员委员会和上级调查统计组织、执行机构批准，而后方可执行。

可见，网信资源潜力调查，不论是从潜力调查方法看，还是从潜力调查组织实施流程看，都是非常严谨的一项调查统计活动，必须采取科学的调查方法，严格按照规定的调查程序来开展潜力调查工作。

（五）调查活动的专业性

网信资源潜力调查在本质上是调查统计活动，在理论指导上应充分运用概率论、数理统计等专业知识，在实践中应依托专业的人来开展专业的调查活动。因此，网信资源潜力调查活动是一项专业化的工作，其专业性体现在以下两个方面。

1. 专业化定义、专业人员的设计和编制

网信资源潜力调查内容多、范围广、对象复杂、专业性强，其调查统计指标体系、指标含义、计算方法、分类目录、卡（表、册）的项目确定与统计编码等，都需要由专业人员设计和编制，并进行严格的专业化定

义，以清理各种网信资源潜力的关系和登记统计方法的适用范畴与要求，确保数据信息采集和处理准确、科学。具体组织实施时，必须由各级经过专业培训的调查统计机构和人员负责执行相关的调查、登记和统计工作，并由专业人员进行质量控制。

2. 建立培训制度

在构建专业化的网信资源潜力调查队伍过程中，应预先对各级潜力调查机构和人员进行必要的培训，以确保调查统计行动高效、结果准确。各种有关网信资源潜力调查的规定中都明确要求建立培训制度，通过各类培训，使潜力调查工作人员做到“四会”“五清”，即会调查、会整理、会核对、会填报；范围清、内容清、阶段清、程序清、标准清。

四、网信资源潜力调查的主要分类

网信资源潜力调查是一个外延极为广泛的调查统计活动，按照不同的标准可以把网信资源潜力调查分为不同的类型。

（一）时间连续性

按调查时间连续性，网信资源潜力调查又可分为经常性调查和一时性调查。经常性调查，是对某一时期现象连续不断地进行调查统计和登记其发展资料的调查统计活动。通常是为了及时掌握某些变化性较大的网信资源潜力而进行，周期较短。这种调查活动，组织机构平时就已建立健全，人员和制度相对固定，实施方法较为灵活，活动开展较频繁。如统计报表制度，就是一种典型的经常性调查。一时性调查，是每隔一段时间对时点现象进行间歇性调查登记的活动，通常是为了某一特定目的而临时组织开展。这种调查活动周期较长，组织实施随机性强，常用于搜集一些特殊的网信动员内容数据资料，或在某一特定范围内进行抽样调查等。

（二）调查所包含的对象

按照调查所包含的对象，可分为全面调查和专项调查。全面调查，是对构成网信资源潜力总体的所有单位无一例外地进行调查，是国家或某个地区为了详细地了解和掌握本级网信动员综合潜力而组织的一种一次性、大规模的调查统计活动。这种调查活动一般是长周期性行为。专项调查，是国家或某个地区为了准确了解和掌握本级某一项或某几项网信资源潜力，或针对特定调查对象（可以是某个行业或某个区域）而展开的调查活动。这种调查活动周期较短，目的明确而且单一。

（三）按平时、战时划分

网信资源潜力调查可以分为平时统计调查和战时统计调查。平时统计调查根据需要进行，也可以采用年度核对的方式进行；战时统计调查按照国家国防动员委员会及其办事机构的规定进行。

第二节　网信资源潜力调查目的与原则

如前所述，网信资源潜力调查参与主体众多、调查对象广泛、组织实施复杂，为确保这项工作正确、科学、有序的开展，十分有必要确立其主要目的，并建立科学的原则。

一、网信资源潜力调查的主要目的

网信资源潜力调查的目的，是网信资源潜力调查通过对搜集掌握的数据进行分析、处理后所要达到的附属成果与目标。主要包括以下方面。

（一）为合理开发和使用动员潜力资源创造条件

合理开发和使用网信资源潜力，其基本前提是开展网信资源潜力调查活动，获取翔实信息。一是要准确获取网信资源潜力的数量与质量评估的数据和信息，二者缺一不可。通过比对获取的信息数据与网信动员军事需求，查找其中的差距与发展的方向。二是要准确获取网信资源潜力对于社会发展尤其是经济发展的作用，为平战结合开发网信资源潜力寻找思路。三是要准确获取网信资源潜力的发展过程，从中发现网信资源潜力生成与发展的条件和基础，为开发和使用网信资源潜力决策提供依据。四是要准确获取网信资源潜力发展趋势，因势利导地开发和使用潜力资源，避免浪费资源和降低效益。

（二）为调整网信资源潜力分布与结构奠定基础

网信资源潜力分散于信息设备制造业、信息服务业和信息教育科研资源相关部门的各个领域，其生成与发展受社会、市场、自然等多种客观因素的影响，具有很大的自然性与随机性，人在其中发挥的作用是比较有限的。除了少部分具有决策和决定能力，并代表国家和政府意志，需要主导潜力发展方向的人员对其发展做出结构性与硬性的调整外，其他更多的人要么只是出于自身利益，根据社会与市场影响对网信资源潜力进行局部的调节，要么是顺应网信资源潜力现状而自然与其保持相适应。总体上这些个别调节与发展都是自发的、局部的，并不能为国防需求自动服务。因而，由此而带来的网信资源潜力发展往往是不科学的，不能很好地为国防需求提供服务和保障作用。这就客观需要国家和政府从国家与国防的整体利益出发，适时对网信资源潜力现状与发展做出必要的调整和调节，以便有计划地改善潜力储备结构。

调整网信资源潜力现状，主要是调整网信资源潜力的外在分布与内部结构，形成合理布局与匹配功能，从而提高网信资源潜力质量与对国防需求的保障功能。显然，国家和政府要对网信资源潜力的分布与结构进行科学调整，首先必须了解和掌握网信资源潜力分布情况和分布特点、各种潜力的构造情况与具体数据信息。这些资料的最直接来源只能建立于网信资源潜力调查之上，其他各种间接来源的资料都只会因不同主体的推断与筛选具有非客观性、局限性，不能为国家和政府决策提供全面而准确的参考。

为了调整网信资源潜力分布与结构，网信资源潜力调查在实施过程中，不仅应重视具体动员潜力个体的数据信息获取，还应重视对动员潜力单元整体数据信息的获取，包括潜力所属单位、行政区划、综合潜力数据等，以便准确了解和翔实掌握潜力分布情况与结构组成情况。

（三）为科学制定动员计划和正确作出动员决策提供依据

了解和掌握网信资源潜力和动员准备程度只是初步的，更重要的是开发利用了解掌握的数据信息，以便进行更深层的服务和保障，由此才显示出网信资源潜力调查统计和了解、掌握网信资源潜力的意义与作用。其中一个方面，就是根据调查获取数据信息，制定科学合理的网信动员计划，为威胁来临时组织开展动员做好必要的准备。

网信动员决策是网信动员主体对国防行动所做的基本决定，是网信动员指挥的重要内容。无论是平时还是战时实施，任何网信动员行为都需要进行必要的决策。信息是决策的基础和依据。信息失真或信息不畅，将导致决策失误，决策的失误则是最大的失误。正确决策的最大障碍就是信息资料不全、情况不明。同样的，进行正确的网信动员决策离不开对网信资源潜力与条件的了解和判断。进行网信动员决策包括了解网信资源潜力和条件、判断网信资源现状和条件、形成网信动员决策三个环节，三项活动构成了网信动员决策的完整过程。在三个环节中，前者依次是后者的前提和基础。因此，进行正确的网信动员决策必须预先进行网信资源潜力调查，以便准确掌握网信资源潜力和网信动员准备程度。从这一意义上讲，网信资源潜力调查就是为网信动员决策服务的。

（四）为应对各种安全威胁做好动员准备

信息化条件下，各种安全威胁因素很多，爆发比较突然。为了有效地应对各种安全威胁，平时必须加强各种动员准备，如加强动员立法、建立动员机构和机制、制定动员计划等。更重要的是，加强网信资源潜力调查工作，是进行其他各种动员准备的前提和基础，网信资源潜力调查的一个重要目的就是为应对各种安全威胁做好准备。一是将平时分散、不具有实质功能的网信资源潜力要素，通过调查形成综合能量，随时可以用于释放，对一些安全威胁形成威慑作用，从而预防和避免这些安全威胁。二是通过调查，使网信资源潜力要素由分散、独立转换为一个有机整体，使动员决策、计划和执行者从无知变为有知。只有确实掌握了数据信息，一旦安全威胁降临时，各级动员领导、决策和执行机构才可依据这些掌握的潜力情况，及时做出动员决断和组织开展动员活动，缩短动员转化过程，提高动员时效，从而可以快速、有效地达成企图。三是为其他动员准备活动提供客观依据。

另外，网信资源潜力调查也可用于检查和督促各级落实动员计划和措施，提高国防意识和动员职责观念，加强本级网信动员准备工作。

二、网信资源潜力调查的基本原则

网信资源潜力调查是国家和各级政府、军事机关组织的一项重要的国防行为，具有极其重要的作用和意义。作为一项特殊的、严肃的、具有重大影响的客观实践活动，网信资源潜力调查必须遵循其内在的指导原则。

（一）统一领导，分级负责

网信资源潜力调查是一项事关国家安全和社会发展的重要国防行为，涉及社会各个层面的不同部门、单位与个人，在社会主义市场经济条件下必须具有权威的组织领导机制、完善的法规体系和科学的组织模式作保障。

1. 统一组织领导

网信资源潜力调查实行统一组织领导，是指网信资源潜力调查工作必须由国家和政府的相关组织、机构来进行统一领导、组织、管理和执行，从机构组成、号令下达到活动开展都必须保持统一的模式、统一的规定、统一的要求和统一的进度。

首先，潜力调查是国家和政府的意志与履行职能的双重体现，是国家和政府的一项重要的、大型的国防活动，关系国家安全与发展，在一定程度上具有战略意义。其次，潜力调查对象和内容丰富，涉及军地各级机关、部门和相关企事业单位、各类社会团体与广大人民群众。如果缺少强有力的组织领导，潜力调查就可能陷入自行其是的混乱状态，难以达到预定的目的。再次，在缺少完善的法规体系和固定调查机构作保障的现实面前，调查涉及的相关单位、团体与个人对自身的职责、权利和义务并不清楚。这就必须充分利用职能机构的权威作用，加强对潜力调查工作的领导，以便将各种个体、多样的行为都统一到国家综合需求的正确轨道上来。因此，必须建立由上而下依托现有党政军组织建立的调查组织体系，从军地主要领导到职能部门领导，广泛参与到活动的组织实施之中，才能有效地保证调查顺利、高质量的运行。

2. 分类逐级实施

网信资源潜力调查实行分类逐级实施，是指网信资源潜力调查必须按照调查机构和调查对象层次结构，以及网信资源潜力专业类别等客观情况，采取分专业、分行业，自下而上地逐级组织开展动员潜力登记统计。目的是发挥现有体制功能，管用合一，确保调查活动的统一性、规范性、层次性和可靠性。

（二）军地协作，政府为主

网信资源潜力调查是一项系统工程，涉及军地双方的职责范围。一方面，军方需掌握民用网信资源潜力的准确情况，以备制定翔实的网信动员需求。另一方面，信息设备制造业资源、信息服务业资源、信息安全资源等民用网信资源一般都分布于社会领域的各个企事业部门，这些动员潜力的调查必须通过各级国防动员委员会及其办事机构来完成。因此，网信资源潜力调查仅仅依靠军事机关或地方政府独立进行都是难以完成的，必须建立军地协作、政府为主的调查机制。

1. 组建军地联合调查统计机构

组建军地联合调查统计机构开展网信资源潜力调查，首先，各级政府必须有主要领导参与潜力调查的领导、组织和执行机构。其次，建立各类机构时，均应尽可能地吸收军事机关人员，尤其是本级地方军事机关人员参与。基层人民武装部则应积极参与辖区内的网信资源潜力调查活动，并承担监督、检查、指导职责。

2. 分工负责，政府为主

为了确保各项活动顺利可靠进行，网信资源潜力调查应按照日常管理与临机开展相结合的原则，根据业务范围实行军地双方分工负责，并以政府为主的形式进行。一方面，参与网信资源潜力调查领导机构的地方军事指挥机关主要领导，应和地方政府领导共同负责调查统计资料的审查和评估。其他参与调查的地方军事指挥机关成员，则应负责本级人民武装动员潜力的登记工作。另一方面，网信资源潜力调查的各项活动，需要大量的财力物力支持。可靠的财力物力保障是各项活动顺利进行的基本前提。从合理分担、政府为主的原则出发，在财力物力保障方面各级政府应当承担主要责任。

（三）准确高效，安全保密

网信资源潜力调查是一项国家与政府组织的国防行为，潜力调查结果关乎国防战略的制定与平时军事斗争准备。由于是一项人类主观见之于客观的实践活动，潜力调查过程中人为因素的影响比较大，而且各项潜力内容又处于不断的动态变化之中，因此，网信资源潜力调查必须遵循准确高效、安全保密的原则。也就是说，网信资源潜力调查必须尽可能保持结果的准确性和安全性。为此，调查统计中必须注重时效，最大限度地缩小收集到的数据信息与实际数据信息之间的偏差。同时，又要遵守保密规定，加强成果保密，确保调查成果安全。在开展调查活动中，需要遵循以下几点原则：一是翔实登记统计；二是突出实地实物面访调查；三是善于利用已有统计成果和先进调查统计方法；四是控制传播范围。

（四）精准对接，快速智能

未来信息化局部战争在作战力量、作战形式、作战时域、作战保障等方面将发生深刻变化，对国防资源潜力调查也提出了更高要求。

1. 更加注重精确动员，必须把需求潜力对接准

机械化战争，作战进程难以准确预见，作战消耗难以精确测算，动员资源不得不“求全”“超量”。信息化局部战争，注重精确打击、精确保障，国防动员也强调精确对接、精确准备，力求动员资源与作战消耗相近。海湾战争中，美军动员物资多达 1.86 亿吨，实际消耗仅 3000 多万吨，战后花了近一年时间才把剩余物资运回本土。伊拉克战争中，美军战前通过模拟推演，对战争规模、战斗毁伤、动员需求等进行精确计算；作战实施阶段，依托信息系统，对社会动员资源进行实时控制，基本达成“供求一致”，动员物资仅为海湾战争十分之一。未来战争，精确动员势在必行。这就要求我们，必须建立科学化、标准化、实用化的指标体系，把潜力数据统计实、统计准，做到与军事需求无缝衔接，力求人尽其才、物尽其用。

2. 更加注重快速动员，必须把潜力调查效率提起来

信息化局部战争，强调“速战速决”“以快制慢”，“快速动员”是支援保障打赢的前提。海湾战争期间，美军战前用时 165 天动员 24.5 万名后备役人员参战，海军运输司令部直接控制的 17 艘大型运输船，有 13 艘未能按时到达指定地点，最长延时 126 天，导致作战时间推迟近两个月。战后美军在检讨分析中指出，动员潜力掌握不实是这次战争动员迟缓的重要因素。伊拉克战争中，美军转变动员理念，有针对性地加强了动员潜力数据的掌控，极大增强了动员时效，征召后备役 18 万人，仅用两个多月，比海湾战争缩短 4 个月。未来战争，“瞬间交战”甚至“秒杀”成为可能，初战即决战，一旦动员迟缓，战局就会被动。这就要求我们，必须提升网信资源潜力调查工作效率，确保在最短时间内启动动员、实施动员、完成动员。

3. 更加注重“智慧”动员，必须把潜力调查信息系统建起来

随着经济大发展、大变革，动员资源配置发生极大变化，遍布各地，分散于各领域，潜力数据庞大，潜力构成复杂，信息化动员是国防动员的必然。伊拉克战争中，美军国防动员启用了“全军资产可视系统”“物资在运可视系统”“新型战场分发系统”“目标保障能力系统”，建立了美国国家和军队一体的国防动员指挥网，与一体化联合作战指挥系统相衔接，实时获取国内“社会资源有什么、在哪里”，确切知道“战场需要多少、投向何处”，通过远程、连续、实时控制，实现了资源储备“零库存”、资源对接“零时滞”。未来战争，信息能力占据主导地位。这就要求我们，必须加强国防资源潜力调查的信息化建设，做到动员潜力数据的网上采集、动态保鲜，依托系统对潜力数据进行综合分析，对动员组织实施进行辅助决策，实现动员潜力向动员能力的快速高效精准转化。

第三节　网信资源潜力调查建设现状及发展趋势

长期以来，我国相关潜力调查机构，在长期的网信资源潜力调查实践过程中，基本建立了较为成熟的网信资源潜力调查工作体系，取得了一定的建设成就。但与此同时，网信资源潜力调查是一项科学性、时效性非常高的工作，其组织实施也非常复杂，必须顺应未来“智慧动员”、精准动员的发展趋势，切实把网信资源潜力调查存在的问题解决好，把这项利国、利民、利军的长远大计组织好、开展好、建设好。

一、当前网信资源潜力调查建设现状

当前，我国、我军在网信资源潜力调查实践过程中，主要针对网信资源潜力调查的组织体制、工作流程、数据建设等方面进行了不懈的实践探索，基本建立了较为成熟的网信资源潜力调查工作体系。

（一）网信资源潜力调查组织体制现状

根据组织体制的基本构成要素，即机构设置、职责分工和工作关系，

当前我国网信资源潜力调查的组织体制也分别进行了相应设计。

1. 网信资源潜力调查机构设置

关于网信资源潜力调查的机构设置，我国公开发布的《国防动员法》第十九条是这样规定的：**县级以上人民政府统计机构和有关部门应当根据国防动员的需要，准确及时地向本级国防动员委员会的办事机构提供有关统计资料**。我们从这一条规定可以看出，网信资源潜力调查机构至少有三类：一是县级以上政府统计机构；二是各级国防动员委员会的办事机构，对于网信资源潜力调查来说，应该就是各级国防动员办公室；三是有关部门。这三类机构中，统计机构、国防动员委员会的办事机构，规定是比较明确的；但“有关部门”，则应包括网信资源潜力调查工作涉及的各级地方政府信息化、通信、无线电管理、邮政、广电等相关部门，各类通信运营、信息服务企事业单位、科研院所、信息设备厂商以及相关个人，均须依照国家相关法规要求及时准确提供有关信息资料，不得以任何理由拒绝、拖延提供或者提供虚假信息资料。

通过对上述法律条文的剖析可以看出，与网信资源潜力调查相关的机构很多，主要应包括四类：一是各级国防动员委员会，这是因为，网信资源潜力调查工作虽然由各级国防动员委员会的办事机构具体组织，但均应在本级国防动员委员会的统一领导下进行；二是各级国防动员委员会的办事机构，对于网信资源潜力调查来讲，就是各级国防动员办公室；三是县级以上政府统计机构；四是有关部门，包括各级地方政府信息化、通信、无线电管理、邮政、广电等相关部门，以及各类通信运营、信息服务企事业单位、科研院所、信息设备厂商等与信息领域相关的政府部门和企事业单位。

可以看出，与网信资源潜力调查相关的机构、部门还是很多的，它们之间应该有比较明确的职责分工，分别担负相应的网信资源潜力调查职责。

2. 网信资源潜力调查职责分工

如上所述，与网信资源潜力调查相关的机构总共有四类：一是各级国防动员委员会；二是各级国防动员委员会的办事机构；三是县级以上政府统计机构；四是有关部门，包括各级地方政府信息化、通信、无线电管理、邮政、广电等相关部门，以及各类通信运营、信息服务企事业单位、科研院所、信息设备厂商等与信息领域相关的政府部门和企事业单位。这四类机构之间的职责分工，可以按照“领导—组织—执行”三大机构来区分，其中：“领导机构”负责统筹指导；“组织机构”负责牵头组织；“执行机构”负责具体执行。据此，各级国防动员委员会应当是网信资源潜力调查的领导机构，负责统筹指导；它们下设的相关办事机构，就是网信资源潜力调查的组织机构，负责牵头组织；县级以上各级人民政府统计机构和有关部门，就是网信资源潜力调查的执行机构，负责具体执行。

3. 网信资源潜力调查工作关系

网信资源潜力调查是国防资源潜力调查的一个重要领域，与整个国防资源潜力调查是整体与局部的关系，与其他业务领域潜力调查的关系主要是并列与融合关系。

网信资源潜力调查与整个“国防动员”潜力调查是整体与局部的关系。网信资源潜力调查，则是为满足网信动员的需要，国家、政府相关机构及各类军事机关，对以网信产业部门为主的行业系统领域的网信资源状况进行数据搜集、管理和分析评估的调查统计活动。可见，网信资源潜力调查是信息时代国防资源潜力调查的重要组成部分，遵循国防资源潜力调查的一般规律，其行为主体、行为目的、行为方式与国防资源潜力调查一致，都是国家有关部门和机构，为了应对战争或其他安全威胁，对地方相关行业系统领域的潜力资源进行数据搜集、管理和分析评估的调查统计活动。与此同时，网信资源潜力调查又具有其自身的特殊性，其实施主体是国家、省级、地县级各级国防动员委员会及其办事机构；其调查对象是“以网信产业部门为主的行业系统”，充分体现了动员工作的时代性、技术性和先进性，是信息时代国防资源潜力调查工作向信息领域的拓展延伸。

网信资源潜力调查与国防动员其他业务领域潜力调查是并列关系。武装力量动员潜力调查、国民经济动员潜力调查、人民防空动员潜力调查、国防教育动员潜力调查等，是国防资源潜力调查的重要领域。网信资源潜力调查和这些业务领域一样，同属国防资源潜力调查的下位业务领域，其间是并列关系，既相互联系，又独立存在。相互联系表现在，网信资源潜力调查是针对网信力量、网信物资动员、信息网络动员、网信教育动员潜力开展的潜力调查，分别与武装力量动员潜力调查、国民经济动员潜力调查、人民防空动员潜力调查、国防教育动员潜力调查的调查对象有类似之处；同时，网信动员还可为上述武装力量潜力调查、国民经济潜力调查、人民防空潜力调查、国防教育潜力调查各领域的动员潜力调查提供支撑和保障。网信资源潜力调查的独立存在表现在，网信资源潜力调查是网信领域的专项潜力调查，而网信领域活动的军民两用性和平战一致性，使网信资源潜力调查成为“战时应战”“急时应急”“平时服务”功能最充分的实践平台。

网信资源潜力调查与其他业务领域潜力调查构成交融关系。网信资源潜力调查的前身为邮政通信动员潜力调查。传统邮政通信采用沿路传递、乘车快递、乘机（船）航递的形式，与交通运输不可分割，所以，历史上将交通运输的“交”和邮政通信的“通”合为“交通”，交通动员由此而生。随着电通信的发展，架空明线、地下电缆、光缆线路的建设，基本模式还是沿交通线而建。为适应时代发展，通信动员潜力调查被从交通战备动员潜力调查体系中分离出来，以通信动员潜力调查为主体扩展为网信资源潜力调查体系。由此看出，网信资源潜力调查与交通战备动员潜力调查有渊源。网信资源潜力调查从交通战备动员潜力调查体系分离出来成为独立的体系后，基于独立网信动员体系的网信资源潜力调查，与交通运输动员潜力调查并列，同为战争动员潜力调查和国防资源潜力调查的下位业务领域，网信资源潜力调查就与交通运输动员潜力调查呈相互依存和相互独立关系。

（二）网信资源潜力数据建设现状

随着信息技术向数字化、网络化和智能化的深度拓展以及军民一体化的深度发展，网信资源潜力调查的范围越来越广，数据更新越来越快，精度要求越来越高。若要准确获取数据，依靠传统方法已难以满足应急应战需求，必须创新方式和手段，运用大数据、云计算、区块链等信息技术，实现各种数据平台的资源共享，实时进行数据相互印证纠错，提高潜力数据的准确性和更新速度。目前，各地各部门充分采用信息技术，通过开拓新思路、建立新机制、注入新内容、采用新办法，不断提高网信资源潜力数据保鲜度。

以全国网信资源潜力大数据中心建设为例，未来智能化战争对潜力数据保鲜的要求越来越高，只有将网信资源潜力调查融入国家大数据战略同步推进，走开信息主导、开放共享、智能运用的路子，才能满足快速动员需求。各级各部门充分借助“互联网+”、5G、大数据、云计算、区块链等先进技术，按层级要求引接国家机关和大型央（国）企、各省市与网信资源潜力相关的登记统计系统，通过数据自动转换软件，打通行业数据向潜力数据自动转化和实时更新的信息链路，分别建成国家和省两级网信资源潜力数据库，汇聚形成全国网信资源潜力大数据中心，为实时查询更新奠定基础。在此基础上，各级各部门着眼战略需求、集成运用、前瞻发展、安全可靠的原则要求，研发集联网交互、综合查询、智能分析、自动匹配等功能于一体的网信资源潜力信息管理系统，满足网信资源潜力数据的自动采集、加工分析、整编分发和实时更新等需求，同步支持网信资源潜力数据向任务数据库实时推送功能；搭建网信资源潜力数据运用平台。采取远程控制系统、一库多个用户、分层设置权限的方式，构建一个以网信资源潜力大数据中心为支撑、以网信资源潜力信息管理系统为运行环境的国家网信资源潜力信息运用平台，打造多级用户异地同步登录的综合平台，实现网信资源潜力数据分级分层使用。

二、网信资源潜力调查的发展趋势

随着我国经济社会正进入以“大智移云”为代表的信息社会，网信资源潜力调查也正由传统的人工作业、手工统计向依托大数据、云计算、物联网等信息技术开展智能化、无人化的潜力调查转变，其未来发展趋势可以概括为以下三个方面。

（一）潜力信息智能采集

所谓潜力信息智能采集，是指兼顾国家制定的标准，分类设计存储各类网信资源潜力数据，融合多元数据感知技术，通过物联网感知、异构数据转换、批量导入和数据填报四种数据采集方式，对网信资源潜力数据进行多源收集、分类存储、融合整编、综合显示、快速检索、分析处理和分发共享，实时感知潜力数据的动态变化，为潜力数据采集业务提供智能化手段。

（二）潜力数据智能分析

所谓潜力数据智能分析，是指从海量的网信资源潜力大数据中，深度挖掘、分析和研究网信资源潜力数据变化情况，对网信动员的力量、物资、装备、信息技术等潜力资源数据做出科学的测算和评估，对网信资源潜力数据进行可动员分析、智能查询、态势分析、语音查询、区域分析、统一管理、标准分类等，实现多种辅助分析手段，为网信资源潜力数据分析业务提供智能化手段。

（三）潜力信息辅助决策

所谓潜力信息辅助决策，是指着眼实现文本、图像、语音、视频等军地各类情报信息的融合收发，汇总管理，基于网信资源潜力数据，为各种网信动员任务、事件处置提供作战计算、综合研判等智能化手段；根据各类网信资源潜力数据查询分析结果、辅助决策结果，自动进行网信资源潜力核对和任务分配，生成网信资源潜力核对分析表、动员任务分配预案，为网信动员指挥业务提供智能化指挥手段；能够提供智能标绘功能，生成各类专题图，为网信动员领导决策和指挥调度过程提供直观的决策参考；对动员损伤数据和归还数量进行对比，对人员、物资、设备的复员进行实时跟踪和指导，实现网信动员复员的精准归位；提供各种网信动员预案、法律法规的管理、统计、查询等分析功能，为网信动员提供智力支撑。

（四）潜力信息深度依托商业机构、国际关系

以美军为例，美军网信资源潜力调查大量围绕商业公司和其国际盟友进行。例如，美军发布了计算“安全采办指南”（SRG），采用开放式体系结构和调查商用现货、成熟商用技术的方式，全面深入地掌握美国商业机构的网信资源潜力，为美军租用、使用民用设备提供了可能性，使得商用现货及技术在性能、灵活性和成本方面的优势逐渐在近期的实战中得以体现。再例如，美军战略特别强调，要发挥同盟国和伙伴国的作用，不仅要实现各军种协调，还要充分使用美国政府机构、军事合作伙伴以及作战国家或地区组织的军事力量。对此，美国专门同英国、澳大利亚、加拿大、新西兰等国家开展协作，全面掌握其盟友国家的网信资源潜力状况，利用盟友为美军的 WGS 星座系统、“先进极高频”（AEHF）卫星系统建设等提供了大量的技术和财力支持。

第四节 网信资源潜力调查地位作用

网信资源潜力调查对于平时进行网信动员建设的决策乃至国家军事战略与发展战略的制定，安全威胁来临时实现国防潜力向国防实力的有效转化都具有十分重要的意义。其意义主要表现为以下六个方面。

一、掌握网信资源潜力状况的主要手段

网信资源潜力蕴藏在网信动员基础和综合国力之中，内容十分丰富，构成极为复杂，分布在国家的不同领域、不同行业和不同地域，它随着社会与经济的发展而不断变化。特别是随着我国经济社会的快速发展，网信资源潜力可谓是一日一变。这些动态变化的数据、信息对国家的许多重大决策部署都有着重要的影响。开展网信资源潜力调查，是获取网信资源潜力以及网信动员能力的最直接途径，也是最可靠的措施和手段。要摸清网信资源潜力状况，特别是要掌握网信资源潜力的数量、结构、规模、地域分布、技术特点以及各种动态变化等情况，就必须定期或者不定期地组织调查统计，这是最直接的途径，也是最可靠的措施和手段。通过对信息的调查获取、整合、治理、分析、探索到智能化应用并采取精确行动，国家可以准确了解和掌握国防动员潜力以及国防动员能力。其他途径获取的信息，都是为了特定目的经过再加工形成的，中间经过了人为筛选、分析和判断环节，数据信息要么不全面、要么不客观，缺陷较多。只有通过调查统计得到的数据才是最原始、最基本、最客观的资料。因此，从全面准确掌握网信资源潜力的第一手资料出发，军地相关网信动员职能机构必须定期组织开展网信资源潜力调查，并将其形成一种国防动员准备制度加以执行，为科学进行军事战略和国防决策部署提供可靠依据。

二、落实平时网信动员准备的重要环节

网信动员准备，是国家为战时迅速实施动员，平时对人力、物力、财力进行统筹安排所采取的措施与活动，是战争准备的重要组成部分，是国防建设的重要内容之一，同时也是网信动员的基础和前提条件。网信动员准备的内容很多，就网信资源潜力调查自身而言，它不仅是平时网信动员

准备的重要内容和重要环节，而且是平时网信动员准备的一项基础性工程。网信动员准备的其他内容的贯彻落实都与网信资源潜力调查具有密不可分的关系，都需要网信资源潜力调查为其提供全面、系统、及时、准确而有效的网信资源。因此，世界各国都将其作为网信动员准备中的一项重要制度加以规定和执行。我国也不例外，为了在全国范围内进行国民经济调查统计，制定并颁布了《中华人民共和国统计法》。这充分表明了网信资源潜力调查的地位和作用。

三、支撑战时网信动员实施的前提基础

快速、准确、高效是信息化战争对动员的基本要求。战时实施快速动员，可以抢占战争先机，争取主动权。而这种动员依赖于平时动员准备得是否充分，特别是对动员潜力与准备程度的了解和掌握程度。因此，网信资源潜力调查统计也是战时实施动员的前提和基础。只有及时、准确地掌握动员潜力和准备程度，才能据此制定有效的动员方案，采取相应而可靠的动员手段和措施，提高动员的速度，保障动员计划的落实。反之，如果没有网信资源潜力调查的数据支撑，就无法准确分析动员能力、提出动员的决心建议，拟制动员方案预案、下达动员指示、组织协调动员行动也缺乏了基本参考和依据，实现急时战时精确、高效动员处置更无从谈起。通过网信资源潜力调查，潜力调查部门还可调整网信动员准备的内容、结构和布局，健全网信动员体制机制，使潜力和网信动员各要素通过调查统计这一机制形成具有实质性功能的有机体，提高网信动员准备水平，为战时快速动员奠定可靠基础。

四、制定网信动员建设发展战略的重要依据

网信动员建设发展战略，是根据国家总体战略、军事战略和经济社会发展战略要求，为实现一定时期内网信动员建设发展目标而制定的重大政策部署。它的制定与实施，离不开网信资源潜力调查统计所获取大量准确的资料做参考。同时，网信动员准备与实施中的每一项具体决策，也离不开网信资源潜力调查统计所提供的大量信息资料做支撑。网信资源潜力调查资料不全面不准确，或者传递不够及时，将会直接影响到网信动员决策的科学性、针对性和有效性，进而影响到网信动员准备和动员实施的综合效益，最终会影响到国家实施战争或应对其他安全威胁的进程和结局。因

此，网信资源潜力调查是制定和调整网信动员建设发展战略的重要基础，所获取的数据信息是制定和调整网信动员建设发展战略的重要依据。

五、推动网信资源潜力向能力转化的内在要求

推动网信资源潜力向能力转化，必须对网信资源潜力有一个全面、深入、扎实的调查，这是推动网信资源潜力向能力转化的重要基础。近年来，随着经济社会发展，特别是当前中国特色社会主义进入了新时代，我国网络安全和信息化领域的建设发展进入历史性窗口期，网信领域各项建设取得重大成就，信息网络、信息数据、信息设备制造业、网信领域教育科研、电磁频谱管理等方面的建设都发生了深刻的变化，各类动员潜力基础不断扎实，新生潜力不断涌现。只有扎实开展网信资源潜力调查，才能将这些动员潜力牢牢掌握在手中，才能确保政治、经济、军事、民生等重要目标安全防护的有效落实，这既是夯实网信动员基础、充分挖掘网信动员潜力的有效途径，也是推动网信资源从潜力向能力转化的应有之义和迫切需求。

六、提升动员工作信息化水平的重要抓手

面对日新月异的经济社会发展和网信资源潜力的快速发展变化，传统的潜力调查模式已经跟不上潜力资源的更新变化，还存在着信息手段应用不够、系统功能发挥不全、数据统计效率不高的问题，迫切需要与之相适应的信息化潜力调查手段。同时，网信资源潜力调查作为网信动员基础性、经常性的工作，是直接检验网信动员信息化建设好不好、信息化水平高不高的实践环节，是推动信息网络互联互通、网信资源共享共用、系统平台升级优化，实现精准动员、高效动员最典型的需求和应用，能够有效提高网信动员信息化水平。

第五节　网信资源潜力调查时代要求

如果把军队比作战争之箭，那么动员就是战争之弓，只有弓拉满，箭才射得远。网信资源潜力直接服务于联合作战保障，是网信动员决策和组织实施的重要依据。现代战争形态的演变和遂行多样化任务的需求，对网

信资源潜力调查提出了更高要求。总体上看，新时代网信资源潜力调查工作应当把握以下时代要求，确保更加高效地将网信动员潜力转化为网信实力。

一、加强网信资源潜力调查的组织领导

网信资源潜力蕴藏于社会各领域，需求侧是军队，供给侧是地方政府，涉及面广、行业多、人员杂。因此，网信资源潜力调查关联军地多方，提高工作质效，必须加强组织领导与协调。

一是在组织编成上，应建立由地方党委、政府和军事机关主要领导、各职能部门及相关单位负责同志共同参与，抽调相关部门业务人员参加的军地联合网信资源潜力调查领导机构，负责网信资源潜力调查的组织领导、关系协调、检查督导、综合评估等工作，充分发挥地方政府行政督导职能，让各级真正担负起自己的责任，履行好自己的义务。与此同时，将相关行业主管部门、科研机构、高科技企业团队纳入网信资源潜力调查范畴，推动建立行业部门统一规划、综合部门汇总审核、技术部门研究论证的工作格局，做到筹划决策制度化、专业培训常态化、组织实施标准化，确保各项工作有人管、抓得好、落得实。

二是在职责落实上，各级网信动员潜力调查机构应履行好潜力调查职责，明确军地双方责任分工，进行联合部署、联合调查、联合分析和联合审核。要按照网信动员客观要求并结合实际，构建网信资源潜力调查机制制度，规范调查内容、程序、措施、保障等各环节，切实解决“谁来查、查什么、怎么查”的问题，确保网信资源潜力调查工作高效进行。同时，要贯彻党管武装工作原则，强化各级地方党委、政府对网信资源潜力调查工作的领导和管理，把完善网信资源潜力调查组织领导体系纳入国防动员体制建设之中，纳入地方政府行政体制改革的总体规划之中，通盘考虑，统一部署，赋予各职能部门、社会团体、各类网信行业组织和人员相应的网信资源潜力调查任务，使网信资源潜力调查能够覆盖全社会各领域、各层次，形成高效、快捷的网信资源潜力调查网络体系。

三是在工作关系上，由于网信资源潜力调查涉及关联军地双方，必须建立军地合署办公制度，坚持军地合力抓，落实联合部署、联合调查、联合分析、联合审核，确保数据准确无误，满足支援保障作战对象所需，为网信动员提供有力的数据支撑。应当解决网信资源潜力调查相关法规政策

原则要求多、刚性约束少的问题，提升军事机关与政府部门协调的力度和效率。

二、强化网信资源潜力调查的责任担当

网信资源潜力调查，是推动动员潜力向战争实力转化的基础性、战略性工程。网信资源潜力植根于市场，涵盖政治、经济、科技、交通等方方面面，关系到公民、法人和组织的义务与权利，是一项复杂的系统工作。各级必须提高思想站位，加强组织领导，切实肩负起网信资源潜力调查的责任担当。

一是要强化网信资源潜力调查的主体责任。当前，“军队提需求，国动委搞协调，政府抓落实”是国防动员系统实施潜力调查工作的主要运行模式，它依据各主体性质划分相关职能，涵盖从调查需求产生到部署落实的全过程。然而，由于现有国防动员相关法规缺乏操作性较强的业务规范和明确的权责定义，导致网信资源潜力调查工作在少数地方处于军地交叉边缘地带，时常出现落实挂空挡的现象。必须针对这一问题，切实把网信资源潜力调查的主体责任明确起来，避免责任盲区、交叉推诿等现象发生。

二是要切实强化网信资源潜力调查的宣传动员，提高思想认识。和平时代，网信资源潜力调查工作容易被忽视，难以实现数据快速、高效、系统的采集更新。破解这个问题，关键就是要加强宣传动员，借助报刊、广播电视等媒体平台，围绕网信资源潜力调查的重要性进行广泛宣传，营造浓厚的社会氛围。各级国防动员潜力调查机构，既要当好潜力统计员，更要当好宣传员，主动加强网信资源潜力调查工作的宣传。特别是对一些网信新兴行业单位，应逐一上门走访讲解，廓清潜力调查与己无关、可干可不干的思想认识误区，认清网信资源潜力调查统计的是数据，履行的是对国防建设的责任与义务，以赢得支持和配合。

三是要开展常态运行的潜力调查执法检查。可由国防动员委员会协调成立由人大、审计、统计以及军事机关等单位人员组成的网信资源潜力审计执法队伍，一方面对潜力调查统计数据进行审核，及时修改、完善、补充，确保保鲜保真；另一方面，检查相关职能部门的潜力调查职责落实情况，并讲评通报，对工作表现突出、成绩显著的单位和个人予以大张旗鼓的表彰，对在工作中玩忽职守、消极怠慢的单位和个人予以通报批评，切

实形成“奖优罚劣、优胜劣汰”的正向激励机制，从而确保网信资源潜力调查工作做实做细、落到实处。

三、健全网信资源潜力调查的制度机制

网信资源潜力调查执行者是网信动员潜力调查职能机构，调查对象是地方政府部门、企事业单位，横跨军地两大系统，数据统计关联各行各业，头绪多、任务重、协调难，只有严格依照相关国防法规，完善配套政策措施，健全制度机制，在规范化运行上下气力、使实劲、见成效，才能确保网信资源潜力调查科学有序运转、依法依规落实。

一是健全网信资源潜力调查的法规制度。各地要着眼履行国防动员使命任务要求，健全完善网信资源潜力调查的相关配套法规和政策，尤其是地方性法规制度，明确各级政府、职能部门、行业系统、企事业单位在网信资源潜力调查工作中的职责、任务，积极发挥各级政府的主体作用，改变由省军区系统大包大揽的被动状况，把本应属于政府职能范围的动员潜力调查工作真正纳入政府职责范围、业绩考核内容。

二是要进一步理顺网信资源潜力调查运行体系，建立科学合理的组织机构，强化督导落实，实行军地合署办公，明确职责定位、编制序列、组织领导和人员配备，推动网信资源潜力调查工作重心由军队向地方政府转移，从组织基础上强化政府在网信资源潜力调查工作中的主体地位，从运行体制上解决动员需求对接不够顺畅的矛盾。

三是要完善网信资源潜力调查工作机制。要建立军地对接机制，网信资源潜力数据是为作战服务的，潜力数据统计调查工作只有适应未来信息化战争需求，才更有意义、更有价值。因此，网信资源潜力调查必须坚持任务牵引，做到打仗需要什么资源就重点调查什么、什么技术队伍最需要编组就突出调查什么技术潜力，确保网信资源潜力随时能够有效转化为战争实力。地方科研单位、科技企业、科研院校等作为资源供给侧，与军队作为需求侧实现完美匹配，必须建立军地对接机制，指定牵头单位或人员，根据潜力需求变化，不定期组织召开军地联席会议，及时明确网信资源潜力调查的内容、标准、范围等，并及时合力解决网信资源潜力调查过程中遇到的问题，确保网信资源潜力调查高质高效。要建立需求落实工作机制，搞好工作沟通对接，明确行业主管部门研发软件、升级系统时，应征求同级军事机关意见建议，落实网信资源潜力需求，加载潜力指标、优

化工作流程、厚植潜力要素，切实做到科学规范、运行高效；建立目录增补机制，以季度或者年度为周期，定时在行业登记统计系统中增补潜力指标，确保潜力指标与行业指标同步更新，及时把动员潜力转化为保障实力。

四、完善网信资源潜力调查的手段措施

网信资源潜力分散于各行业、各部门，特别是相当一部分潜力资源分散在非公有制企事业单位，市场经济条件下依靠行政手段推进网信资源潜力调查工作的难度越来越大。只有不断完善网信资源潜力调查的手段措施，才能更好提升网信资源潜力调查效能。

一是建好潜力调查数据库。应当充分发挥各级网信资源潜力调查组织机构的职能作用，深入网信领域科研院所、科技公司等单位，采取普遍查、重点找、实地看等多种形式，深入挖掘军队所需网信资源潜力，全面梳理分析网信资源潜力现状，特别是网信技术人才队伍的数量及分布情况，将其登记造册，录入信息资源数据库，建立军地一体、平战结合的信息潜力资源数据库，并定期更新，确保一有战事，能够迅速、有效地动员信息潜力资源投入作战保障。

二是建强潜力调查信息系统。为做好可用于国防的网信技术成果的鉴定、登记、统计、归档工作，应当建立网信技术成果管理和检索系统，以缩短战时网信技术成果的转化过程，从而为战争提供实时有力的信息支撑。

三是做好潜力资源的动态更新。应当创新潜力调查模式方法，深入挖掘战争所需网信资源潜力，以及未来战争发展可能需要的网信资源支前潜力，为网信动员提供真实可靠的数据。必须改变以往只在民兵整组时调查潜力的做法，坚持网信资源潜力数据调查贯穿全年，建立动态调查、动态补充、动态审核的常态潜力调查机制，做到及时更新、实时保鲜。同时，充分利用大数据、云计算等手段，对网信资源潜力资源进行动态跟踪、全程管控、实时更新，为实施精准动员奠定坚实的基础。

五、建强网信资源潜力调查的专业队伍

潜力数据的准确性是提高利用率的前提。从实践工作来看，目前网信资源潜力数据准确性不高的主要原因有三个方面：一是网信资源潜力数据

总量庞大、结构复杂，且每天都在不断产生大量新数据，存量和增量都处于变化中，而数据采集方式主要靠人工填报，时效性跟不上。二是与采集人员和被采集对象有关，一方面部分被采集对象出于自身考虑，上报相关数据存在瞒报、漏报甚至不报的情况；另一方面采集人员专业能力不强，潜力数据的审查、核实无法得到有效保障，只能以未加整理验证的原始数据层层上报。三是数据上报后缺乏反馈校验，无从验证潜力数据是否真正发挥实效，服务上级决策，久而久之潜力调查工作便成为各单位例行公事的“形式工作”。

为改变这种现状，一是要建好网信资源潜力调查的专业人才队伍，严格落实“三分四定”——分系统、分类别、分任务，定人、定编、定岗、定责，抓好专业培训，补齐潜力采集人员的基础知识和专业知识短板，切实培养一批具备政策素养、军事素养、统计素养的潜力调查“明白人”。二是要增强地方统计部门的参与度，在组织领导上要把统计部门摆上重要位置，用专业统计人员来指导网信资源潜力调查工作的开展，突出其在数据搜集、汇总、会审、核查的把关作用，保证潜力信息来源的权威性、专业性、准确性。要突出潜力数据实践检验，每一轮潜力调查结束后，都不能让潜力数据停留于“存而不用”的状态，应将其作为拟制重大演训活动、遂行紧急任务的重要依据，打造潜力调查“闭合回路”，检验数据实效，提高数据利用率。三是要提升各级潜力调查机构队伍的专业化水平，加强从调查对象到政府主管部门、国防动员委员会、国防动员系统的人员队伍潜力调查培训，提升各级各类人员的潜力数据资料填报、统计汇总、审查核实、提报修改、入库校验等能力。

第二章　网信资源潜力调查内容

网信资源潜力调查是针对潜力调查对象所进行的相关调查活动。网信资源潜力调查对象是指各级网信资源潜力调查统计组织与实施机构需要调查、了解的各类蕴涵网信资源潜力的主体，主要包括政府机关、相关团体、企事业单位和有关人员等；而网信资源潜力调查内容是指各级国防资源潜力调查组织与实施机构所要了解、掌握的上述潜力主体所具有的可以转变为实际信息能力的信息潜能。按照网信资源潜力性质、作用、蕴涵主体和调查统计主体及实际国情，本章将系统开展网信资源潜力调查的相关理论研究与探索，并区分信息资源网络资源潜力、信息数据资源潜力、信息力量资源潜力、网络安全资源潜力、电磁频谱资源潜力等方面，对网信资源潜力调查的主要内容进行阐述。

第一节　确立网信资源潜力调查内容的重要性

确立网信资源潜力调查内容，是开展网信资源潜力调查的重要基础前提。从网信资源潜力调查实践看，潜力调查内容及指标体系设计得好不好，在很大程度上影响着网信资源潜力调查的实际效果。科学设计网信资源潜力调查的内容及指标体系，已经成为军地网信动员机构的共识。总的来看，确立网信资源潜力调查内容，其重要性体现在以下方面。

一、确立网信资源潜力调查内容，是了解网信资源潜力现状的必然要求

随着我国网络安全和信息化建设的持续深入开展，网信基础设施建设、信息数据建设、网信领域人才建设等方面建设突飞猛进，各方面的网信资源潜力信息包罗万象、浩如烟海。这些网信资源分散在社会各个行业各个系统，是零散的、不成体系的。如果不对网信资源潜力调查的内容体

系进行系统、科学的设计，那么在实际开展潜力调查的过程中必然会导致打乱仗，抓不住潜力调查的重点。

因此，确立网信资源潜力调查内容，按照应急应战需求、国家标准、军用规范等来科学、系统地设计网信资源潜力调查的内容体系和指标体系，是摸清国家网信资源潜力有什么、在哪里、如何转化的重要前提。通过设计一套有针对性的网信资源潜力调查内容体系，就像一根无形的线，把分布在各个行业、各个系统的网信资源潜力"串"起来，按照这套内容体系按图索骥，就能充分挖掘网信资源潜力底数，从而快速、精确地获取网信资源潜力信息。

二、确立网信资源潜力调查内容，是掌握网信资源潜力动态变化的迫切需要

近年来，我国信息化水平提升很快，仅仅从互联网领域来看，互联网资源潜力从 2010 年底到 2023 年 12 月，发生了非常大的变化，并有了很大的提升。比如，IPv6 地址，从 401 块/32 增加到了 68042 块/32，增加了 100 余倍；光缆线路总长度，从 996 万千米跃升到了 6432 万千米；移动基站总数从 139.8 万个提升到了 1162 万个，网站、网页等数量都有了成倍增长；特别是移动端年度总流量，从 3.99 亿 GB 增长到了约 3015 亿 GB，增加了 700 多倍，反映了移动端网信资源潜力的快速发展变化①，如表 2.1 所列。

表 2.1　我国互联网网信资源潜力变化表

互联网相关参数	2010 年 12 月	2023 年 12 月
IPV6 地址	401 块/32	68042 块/32
光缆线路总长度	996 万千米	6432 万千米
移动基站	139.8 万个	1162 万个
网站	约 200 万个	388 万个
网页	600 亿个	约 3820 亿个
移动端年度总流量	3.99 亿 GB	约 3015 亿 GB

① 中国互联网络信息中心．第 53 次中国互联网络发展状况统计报告［R］．北京：中国互联网络信息中心，2024.

由此可见，仅仅在互联网这样一个领域，相关网信资源的动态变化是很大的。要想准确地掌握这些动态变化的潜力信息，就必须合理设计网信资源潜力调查的内容及指标体系，特别是抓住那些关键性、典型性、动态性的调查关节点，才能有效掌握网信资源潜力的动态变化情况。

三、确立网信资源潜力调查内容，是促进网信资源潜力有效转化的重要基础

从本质上看，确立潜力调查内容，实质上就是要解决网信资源潜力调查部门究竟要“调查什么”的问题。打个比喻，如果说网信动员是促进国家网信资源潜力向信息支援保障实力转化的桥梁，那么这座桥梁的“桥墩”应该就是网信资源潜力调查内容。政府和军队的相关机构只有把网信资源潜力调查内容设计好，才能更好地开展针对性的潜力调查工作，真正了解和掌握网信资源潜力究竟有什么、应该调查什么，更快、更精准地获取网信资源潜力信息，才能有针对性地调整网信资源发展政策与网信产业结构布局。当威胁来临时，也才能更顺利地组织实施网信动员，更好促进网信资源潜力向国防实力的转化，有效保障战争需求。

第二节　确立网信资源潜力调查内容的基本要求

上一节叙述了确立网信资源潜力调查内容的重要性，为切实把网信资源潜力调查内容设计好，则需要遵循一定的准则和要求。比如，用人单位考察一个人，要综合从他的政治思想、工作经历、学历学位、工作绩效、健康状况、婚姻家庭等多个方面进行全方位的调查，才能比较公正客观地得出结论。这就说明，开展调查工作，全面性很重要。与此同时，需要针对这个人的能力优长，合理地安排其工作岗位。这就是说，在开展一项调查统计工作时，典型性指标的选取也非常重要。按照这种思路，研究确立网信资源潜力调查内容，可以重点把握以下三个方面的基本要求：整体性要求、典型性要求、易操作要求。

一、整体性要求

我们在对某一领域对象进行调查统计时，最大的愿望是什么？应该说，凡是负责任的调查人员，都希望调查统计的范围对象应尽可能地全覆

盖，调查统计的内容应尽可能地全面，统计样本应尽可能多，这样才可以全面掌握所调查对象的方方面面。这就是调查统计内容设计的第一个基本要求：整体性要求。

所谓整体性要求，至少应包括两个方面：一是调查的范围应尽可能全面；二是调查的内容体系应尽可能完备。下面以中国知网（中文学术期刊板块）为例来进行分析。

中国知网（China National Knowledge Infrastructure，CNKI），是世界上最大的连续动态更新的学术期刊全文数据库之一。截至目前，中国知网的中文学术期刊板块，已经覆盖自然科学、工程技术、农业、哲学、医学、人文社会科学等各个领域，收录国内学术期刊 8500 余种，文献总量达 6060 多万篇。凡是用过它的人，大都觉得它库存丰富、功能强大，目录分类也非常全面、详细。可以说，中国知网的数据库建设过程，本质上就是以所有已发表的期刊论文为对象，开展的一项学术论文领域的潜力调查统计工作。研究中国知网的内容体系结构，对于我们设计网信资源潜力调查的内容体系，具有一定的参考意义。

中国知网（中文学术期刊板块）的目录体系分为 10 大专辑，也就是一级目录，包括基础科学、工程科技Ⅰ、工程科技Ⅱ、农业科技、医药卫生科技、哲学与人文科学、社会科学Ⅰ、社会科学Ⅱ、信息科技、经济与管理科学 10 类，如图 2.1 所示。10 个一级目录之下，又细分为 168 个二级目录、1700 多个三级目录、7000 多个四级目录。

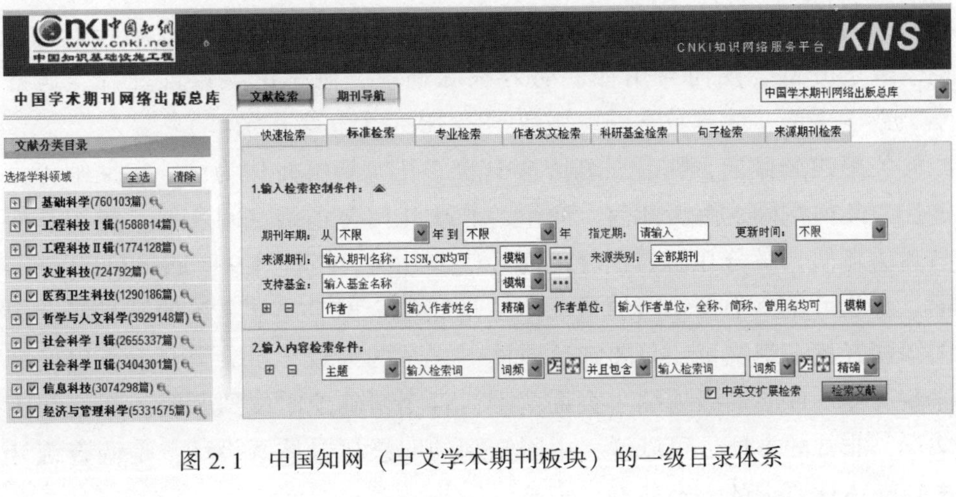

图 2.1 中国知网（中文学术期刊板块）的一级目录体系

关于二级目录，以第一大类“基础科学”为例，它又细分为自然科学理论与方法、数学、非线性科学与系统科学、力学、物理学、生物学、天文学、自然地理学和测绘学、气象学、海洋学、地质学、地球物理学、资源科学 13 个二级目录，如图 2.2 所示。

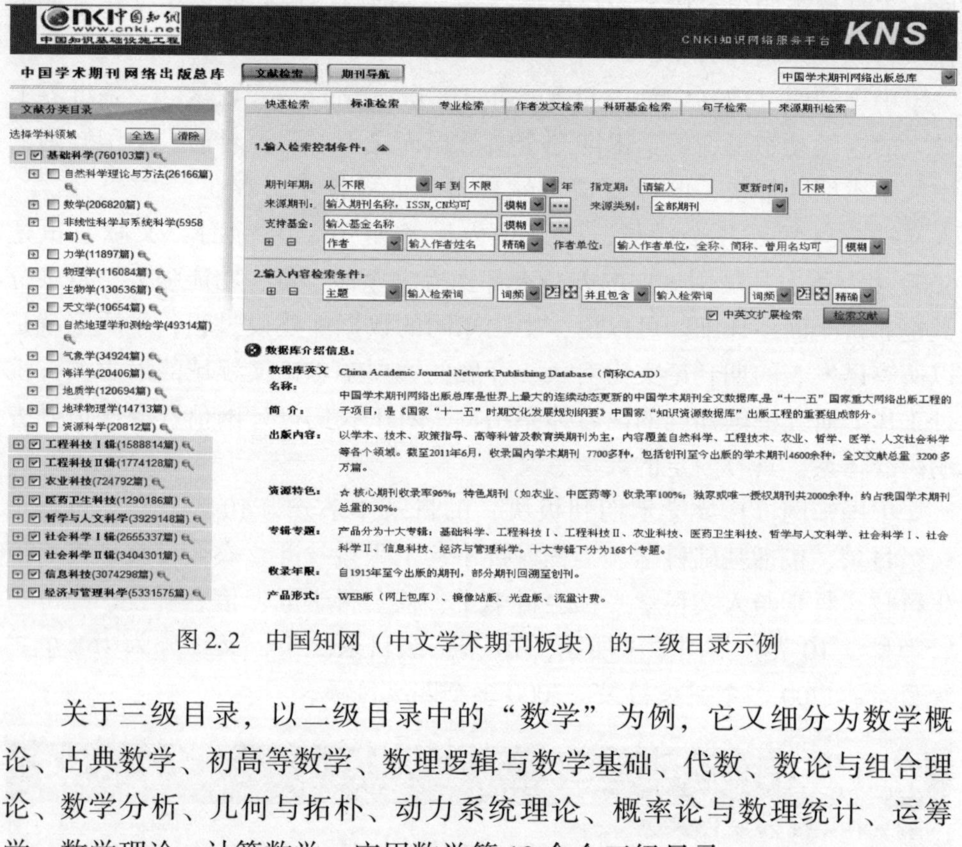

图 2.2　中国知网（中文学术期刊板块）的二级目录示例

关于三级目录，以二级目录中的“数学”为例，它又细分为数学概论、古典数学、初高等数学、数理逻辑与数学基础、代数、数论与组合理论、数学分析、几何与拓朴、动力系统理论、概率论与数理统计、运筹学、数学理论、计算数学、应用数学等 10 余个三级目录。

关于四级目录，则以三级目录中的“几何与拓朴”为例，它又细分为概述、几何基础、解析几何、向量、非欧几何与多维空间几何、射影几何与画法几何、微分几何与积分几何、代数几何、拓朴等 9 个四级目录。

由此可见，中国知网的目录体系是非常全面、非常系统的。我们上中国知网寻找一篇文章，只要知道所搜寻文章的大致学科分类，就可以像剥洋葱一样，逐层逐级地缩小查询范围，直至精确地定位到所要查找的那篇文章，非常的方便。可以说，中国知网的四级目录体系设计，是调查统计内容整体性要求的一个典型代表。

由此可见，在开展一项调查统计工作时，确立全面、系统的调查内容及指标体系是极其重要的。借鉴中国知网的经验，在对网信资源潜力调查的内容体系进行整体性设计时，应尽可能地使潜力调查内容全面涵盖信息网络、数据信息、信息力量、网络安全、电磁频谱等领域网信资源的全领域、全要素，切实把相关网信资源的基础设施、功能性能、技术优势、人才储备、作战支持度等潜力状况进行全面、详细的反映。只有这样，才能避免以点带面、以偏概全，增强网信资源潜力调查工作的科学性。

二、典型性要求

所谓典型性，就是指调查统计的内容及其目录要典型，要有代表性，要能充分体现被调查对象的典型特征，达到见一叶而知秋、见微而知著的效果。此处以《第53次中国互联网络发展状况统计报告》为例，分析调查统计指标的典型性要求是如何体现的。

自1997年起，中国互联网络信息中心（CNNIC）定期组织开展中国互联网络发展状况统计调查工作，每年发布两次《中国互联网络发展状况统计报告》（以下简称《报告》），至今已持续发布53次。《报告》力图通过统计数据真实反映我国互联网发展历程，成为我国政府部门、国内外行业机构、专家学者和广大人民群众了解中国互联网发展状况的重要参考。

2024年3月，中国互联网络信息中心发布了《第53次中国互联网络发展状况统计报告》，该报告是对我国互联网建设发展情况最前沿、最详尽、最权威的调查统计报告之一，主要从互联网基础建设、个人应用、政府应用等5个大类、17个小类，进行了统计分析。其内容体系如表2.2所列。

表2.2 《第53次中国互联网络发展状况统计报告》调查统计目录

序　号	大　类	小　类
1	互联网基础建设	互联网基础资源状况
2		互联网基础设施建设情况
3		互联网资源应用状况
4		互联网接入环境
5	个人应用	网络规模
6		网民结构
7		个人互联网应用发展状况

（续）

序　号	大　类	小　类
8	政府应用	互联网政务服务概况
9		微信城市服务
10		政务微博
11		政务头条号
12	产业发展	互联网产业规模
13		互联网上市企业情况
14		互联网创新创业
15	互联网安全	网民网络安全事件发生状况与设备被感染情况
16		系统与设备安全情况
17		网络安全相关举报和受理情况

从表 2. 2 可以看出，互联网基础建设、个人应用、政府应用、产业发展及互联网安全这 5 个调查大类，分别从互联网的基础建设、应用情况、发展趋势、网络安全等最基本、最本质的方面进行设计。这 5 个大类，都是互联网领域最典型、最有代表性的应用，从这些领域进行调查统计，能够获取比较全面、客观的我国互联网建设发展的基本情况，充分体现了互联网建设发展的内在规律和本质要求。

再分析该内容体系具体调查项目的选取和设计，以第一大类“互联网基础建设”为例，也充分体现了典型性要求。比如，移动互联网流量，该报告指出，2023 年全国移动互联网总流量约 3015 亿 GB，人均 200 多 GB——这个指标是广大网民非常关心的一个数据，会让人不自觉地比较自身是否达到了全国平均流量水平。再比如，上网时长，这个指标反映的是中国网民每周、每天上网的时间，该报告指出，截至 2023 年 12 月，我国网民的人均每周上网时长为 26. 1 个小时、平均每天上网 3. 73 小时，是一个很有代表性的互联网调查统计指标，如表 2. 3 所列。

从表 2. 3 可以看出，与互联网相关的调查内容和调查项目指标都是非常典型、很有代表性的，也是普通群众非常关心、很感兴趣的指标。通过这些典型、直观的指标，让普通群众也能看得懂、读得懂，了解中国互联网现在究竟发展到哪一步了。

表 2.3 《第 53 次中国互联网络发展状况统计报告》的部分典型性指标

<table>
<tr><th>项目大类</th><th>项目小类</th><th>典型性统计指标</th></tr>
<tr><td rowspan="13">互联网
基础建设
（截至
2023 年 12 月）</td><td rowspan="3">互联网基础
资源状况</td><td>IP 地址（IPv4 地址 39219 万个）</td></tr>
<tr><td>域名（3160 万个）</td></tr>
<tr><td>网络国际出口带宽（18469972Mbps）</td></tr>
<tr><td rowspan="3">互联网基础
设施建设情况</td><td>光缆长度（6432 万公里）</td></tr>
<tr><td>互联网宽带接入端口数量（11.36 亿个）</td></tr>
<tr><td>移动电话基站总数（1162 万个）</td></tr>
<tr><td rowspan="4">互联网资源
应用状况</td><td>互联网网站数（388 万个）</td></tr>
<tr><td>网页数（约 3820 亿个）</td></tr>
<tr><td>移动互联网流量（2023 年全国移动互联网总流量约 3015 亿 GB，人均 200 多 GB）</td></tr>
<tr><td>App 在架数量（261 万款）</td></tr>
<tr><td rowspan="3">互联网接入环境</td><td>上网设备（手机占比 99.9%）</td></tr>
<tr><td>网民规模 10.92 亿人</td></tr>
<tr><td>上网时长（人均 26.1 小时/周；3.73 小时/天）</td></tr>
</table>

这就启示我们，在设计网信资源潜力调查的内容体系时，应尽可能地选取那些具有代表性、典型性的内容，以充分体现军事需求、行业发展水平和信息技术的发展趋势，提高潜力调查内容体系的代表性、客观性和前沿性。

三、易操作要求

所谓易操作要求，是指在设计一套内容指标体系时，必须表述明确、通俗易懂、操作简单，而不能笼而统之、大而化之，让人不知所云。比如，评价某个人的健康状况，如果只是笼统地用“优、良、中、差”来衡量，那么这套内容体系就是难以操作的，医生也很难给出定量、精确的评价。一定要通过胸片、彩超、肝肾功能、血常规、血糖、血压、血脂、微量元素等可操作的检查项目，每一类检查项目又可以进一步细分为若干个具体可操作的指标。这样，通过分门别类地运用这些评价指标，得出明确的、定量的检查结果，医生才能通过这些结果，比较准确地综合评估一个人的健康水平。

就网信资源潜力调查的内容及指标体系设计看，同样应该特别关注内容及指标体系的易操作性。很多时候，军事术语和民用行业术语是有差别的。比如，军队想了解地方移动通信系统对作战的可支持度，就不能直接对地方行业部门的人说："民用移动通信系统对作战的可支持度怎么样?"这样地方的人员就会难以理解，没法向军方提供有用可用的信息，军方的人员也就达不到潜力调查的目的。

因此，设计网信动员的潜力调查内容体系，既要充分体现部队需求，又要兼顾地方潜力资源调查实际，明确、直接地告诉被调查的相关行业部门和企事业单位，部队有什么样的网信资源需求，需要哪些类别的网信资源潜力数据，从而方便地方部门和企事业单位填报，让地方的人员看得懂，使军地双方在同一个语境中交流、在同一个频道内说话。这就是易操作性要解决的问题。

比如，要向地方了解民用移动通信系统对作战的可支持度，可在调查内容的设计上进行翻译和分类，转化为地方人员看得懂的内容，如表 2.4 所列。

表 2.4　翻译转化后的民用移动通信系统潜力调查内容（示例）

调查大类	调查小类	具体调查内容及要求
移动通信系统对作战的支持度	基站数量	可征用数量；共享方式；……
	移动终端数量	可征用数量；保密要求；……
	技术人员	可征用人数；研究生以上学历人数；有从军经历的人数；……
	频谱总带宽	可直接征用的频谱带宽；可与部队兼容共用的频谱带宽；……

这样对调查的内容进行翻译和细化，地方人员就更容易理解部队想调查什么、想知道什么，他们所提供的数据也就更有用。部队根据这些潜力调查统计信息，就能很方便地得出地方移动通信系统对作战的支持度究竟如何，从而得出一个民用移动通信系统潜力状况的总体评价。

除了上述三个方面的基本要求，在设计网信资源潜力调查的内容及指标体系时，还应遵循一些其他方面的要求，比如内容体系的前瞻性、可拓展性等，经过深入理论论证和反复实践探索，不断优化完善网信资源潜力调查的内容及指标体系。

第三节　确立网信资源潜力调查内容的标准依据

如前所述，网信资源潜力调查是一项非常复杂、非常细致的系统工程，其调查对象十分广泛，调查内容涉及网络安全和信息化领域的方方面面。关于网信资源潜力调查内容，应当依据一定的国家标准来实施。目前，就网信资源潜力信息调查的主体部门——各级统计部门而言，在网信资源潜力调查的内容体系上，广泛执行的是“一个国标、四大分类、一套目录”。我们在设计网信资源潜力调查内容指标时，应当依据这些权威文件目录，广泛撷取、科学遴选、体系设计。

一、《国民经济行业分类》（GB/T 4754—2017）与网信资源潜力调查相关的部分

在国民经济行业潜力统计数据上，各级统计部门广泛执行的是“一个国标”，即《国民经济行业分类》（GB/T 4754—2017），该国标由国家统计局、中国标准化研究院起草，国家质量监督检验检疫总局/国家标准化管理委员会联合颁布，2017 年 10 月 1 日实施，主要规范了全社会经济活动的行业分类与代码，适用于在统计、计划、财政、税收、工商等国家宏观管理中对经济活动的分类。这个国标共规范了四级行业目录，包括：20 个一级行业目录、97 个二级行业目录、473 个三级行业目录、1381 个四级行业目录。其中，与网信资源潜力调查相关的部分，至少有 8 个一级行业目录、20 个二级行业目录、66 个三级行业目录、约 200 个四级行业目录，具体如表 2. 5 所列。

表 2. 5　《国民经济行业分类》（GB/T 4754—2017）与网信资源潜力调查相关的部分目录

一级行业目录（8 个）	二级行业目录（20 个）	三级行业目录（66 个）
C-制造业	通用设备制造业	文化、办公用机械制造；通用零部件制定；其他通用设备制造业……
	专用设备制造业	电子和电工机械专用设备制造；环保、邮政、社会公共服务及其他专用设备制造……
	电子机械和器材制造业	电机制造；输配电及控制设备制造；电线、电缆、光缆及电工器材制造；其他电气机械及器材制造……

（续）

一级行业目录（8个）	二级行业目录（20个）	三级行业目录（66个）
C-制造业	计算机、通信和其他电子设备制造业	计算机制造；通信设备制造；广播电视设备制造；雷达及配套设备制造；智能消费设备制造；电子器件制造；电子元件及电子专用材料制造；其他电子设备制造……
	仪器仪表制造业	通用仪器仪表制造；专用仪器仪表制造；其他仪器仪表制造业……
G-交通运输、仓储和邮政业	邮政业	邮政基本服务；快递服务；其他寄递服务……
I-信息传输、软件和信息技术服务业	电信、广播电视和卫星传输服务	电信；广播电视传输服务；卫星传输服务……
	互联网和相关服务	互联网接入及相关服务；互联网信息服务；互联网平台；互联网安全服务；互联网数据服务；其他互联网服务……
	软件和信息技术服务业	软件开发；集成电路设计；信息系统集成和物联网技术服务；运行维护服务；信息处理和存储支持服务；信息技术咨询服务；数字内容服务；其他信息技术服务业……
M-科学研究和技术服务业	研究和试验发展	自然科学研究和试验发展；工程和技术研究和试验发展……
	专业技术服务业	气象服务；海洋服务；测绘地理信息服务；工程技术与设计服务；工业与专业设计及其他专业技术服务……
	科技推广和应用服务业	技术推广服务；其他科技推广服务……
O-居民服务、修理和其他服务业	机动车、电子产品和日用产品修理业	计算机和办公设备维修（计算机和辅助设备修理；通信设备维修；其他办公设备维修）……
P-教育	教育	中等教育；高等教育；特殊教育；技能培训、教育辅助及其他教育……
R-文化、体育和娱乐业	新闻和出版业	新闻业；出版业……
	广播、电视、电影和录音制作业	广播；电视；影视节目制作；广播电视集成播控；电影和广播电视节目发行；录音制作……
S-公共管理、社会保障和社会组织	中国共产党机关	中央共产党机关（中央网信办；省、地、县级网信办）……
	国家机构	国家权力机构（各级人大教育科学文化卫生工作委员会）；国家行政机构（各级通信、信息化、广电等政府部门）……
	人民政协、民主党派	各级政协教科文卫体委员会……
	群众团体、社会团体和其他成员组织	（与信息领域相关的）群众团体；社会团体；基金会……

二、国家统计局产业统计分类与网信资源潜力调查相关的部分

为准确反映国民经济产业发展状况，科学界定相关产业统计范围，健全产业统计体系，国家统计局依据《中华人民共和国统计法》，参照国际相关分类标准并以《国民经济行业分类》（GB/T 4754—2017）为基础，制定了相关产业统计分类。其中，与网信资源潜力调查密切相关的产业统计分类至少有4类，主要有高技术产业（制造业）分类（2017）、高技术产业（服务业）分类（2018）、国家科技服务业统计分类（2018）、数字经济及其核心产业统计分类（2021）等。

（一）高技术产业（制造业）分类（2017）

国家统计局规定，高技术产业（制造业）是指国民经济行业中R&D投入强度相对高的制造业行业，包括：医药制造，航空、航天器及设备制造，电子及通信设备制造，计算机及办公设备制造，医疗仪器设备及仪器仪表制造，信息化学品制造等6大类。其中与网信资源潜力调查密切相关的主要有电子及通信设备制造、计算机及办公设备制造、信息化学品制造等3类，如表2.6所列。

表2.6　高技术产业（制造业）分类表（网信资源相关部分）

代码 大类	代码 中类	代码 小类	名　称	行业分类代码
03			**电子及通信设备制造业**	
	031		电子工业专用设备制造	
		0311	半导体器件专用设备制造	3562
		0312	电子元器件与机电组件设备制造	3563
		0313	其他电子专用设备制造	3569
	032		光纤、光缆及锂离子电池制造	
		0321	光纤制造	3832
		0322	光缆制造	3833
		0323	锂离子电池制造	3841
	033		通信设备、雷达及配套设备制造	
		0331	通信系统设备制造	3921
		0332	通信终端设备制造	3922

（续）

代码			名称	行业分类代码
大类	中类	小类		
		0333	雷达及配套设备制造	3940
	034		广播电视设备制造	393
		0341	广播电视节目制作及发射设备制造	3931
		0342	广播电视接收设备制造	3932
		0343	广播电视专用配件制造	3933
		0344	专业音响设备制造	3934
		0345	应用电视设备及其他广播电视设备制造	3939
	035		非专业视听设备制造	395
		0351	电视机制造	3951
		0352	音响设备制造	3952
		0353	影视录放设备制造	3953
	036		电子器件制造	397
		0361	电子真空器件制造	3971
		0362	半导体分立器件制造	3972
		0363	集成电路制造	3973
		0364	显示器件制造	3974
		0365	半导体照明器件制造	3975
		0366	光电子器件制造	3976
		0367	其他电子器件制造	3979
	037		电子元件及电子专用材料制造	398
		0371	电阻电容电感元件制造	3981
		0372	电子电路制造	3982
		0373	敏感元件及传感器制造	3983
		0374	电声器件及零件制造	3984
		0375	电子专用材料制造	3985
		0376	其他电子元件制造	3989
	038		智能消费设备制造	
		0381	可穿戴智能设备制造	3961
		0382	智能车载设备制造	3962
		0383	智能无人飞行器制造	3963
		0384	其他智能消费设备制造	3969

（续）

代码			名　称	行业分类代码
大类	中类	小类		
	039	0390	其他电子设备制造	3990
04			**计算机及办公设备制造业**	
	041	0410	计算机整机制造	3911
	042	0420	计算机零部件制造	3912
	043	0430	计算机外围设备制造	3913
	044	0440	工业控制计算机及系统制造	3914
	045	0450	信息安全设备制造	3915
	046	0460	其他计算机制造	3919
	047		办公设备制造	
		0471	复印和胶印设备制造	3474
		0472	计算器及货币专用设备制造	3475
06			**信息化学品制造业**	
	061		信息化学品制造	
		0611	文化用信息化学品制造	2664
		0612	医学生产用信息化学品制造	2665

（二）高技术产业（服务业）分类（2018）

国家统计局规定，高技术服务业是采用高技术手段为社会提供服务活动的集合，包括信息服务、电子商务服务、检验检测服务、专业技术服务业的高技术服务、研发与设计服务、科技成果转化服务、知识产权及相关法律服务、环境监测及治理服务和其他高技术服务等 9 大类。其中与网信资源潜力调查密切相关的主要有信息服务、电子商务服务等 2 类，如表 2.7 所列。

表 2.7　高技术产业（服务业）分类表（网信资源相关部分）

代码			名　称	行业分类代码	说　明
大类	中类	小类			
1			**信息服务**		
	11		信息传输服务		
		1101	固定电信服务	6311	

（续）

代码			名称	行业分类代码	说明
大类	中类	小类			
		1102	移动电信服务	6312	
		1103	其他电信服务	6319	
		1104	有线广播电视传输服务	6321	
		1105	无线广播电视传输服务	6322	
		1106	广播电视卫星传输服务	6331	
		1107	其他卫星传输服务	6339	
	12		信息技术服务		
		1201	互联网接入及相关服务	6410	
		1202	互联网搜索服务	6421	
		1203	其他互联网服务	6490	
		1204	基础软件开发	6511	
		1205	支撑软件开发	6512	
		1206	应用软件开发	6513	
		1207	其他软件开发	6519	
		1208	信息系统集成服务	6531	
		1209	物联网技术服务	6532	
		1210	运行维护服务	6540	
		1211	信息技术咨询服务	6560	
		1212	互联网安全服务	6440	
		1213	互联网数据服务	6450	
		1214	信息处理和存储支持服务	6550	
		1215	集成电路设计	6520	
		1216	呼叫中心	6591	
		1299	其他未列明信息技术服务业	6599	
	13		数字内容及相关服务		
		1301	地理遥感信息服务	6571	
		1302	动漫、游戏数字内容服务	6572	
		1303	其他数字内容服务	6579	
		1304	互联网游戏服务	6422	
		1305	互联网其他信息服务	6429	
		1306	电子出版物出版	8625	

（续）

代码			名称	行业分类代码	说明
大类	中类	小类			
		1307	数字出版	8626	
		1308	互联网广播	8710 *	指互联网广播节目播出服务
		1309	互联网电视	8720 *	指互联网电视节目播出服务和移动电视节目播出服务
		1310	广播电视集成播控	8740	
		1311	其他文化艺术	8890 *	指通过网络（手机）提供文化内容的活动
2			电子商务服务		
	21		互联网平台		
		2101	互联网生产服务平台	6431	
		2102	互联网生活服务平台	6432	
		2103	互联网科技创新平台	6433	
		2104	互联网公共服务平台	6434	
		2199	其他互联网平台	6439	
	22		电子商务支付服务		
		2200	非金融机构网络支付服务	6930 *	指网络支付活动
	23		电子商务信用服务		
		2300	电子商务信用服务	7295 *	指对电子商务领域信用信息的采集、整理、加工，并提供相关信用产品和信用服务等活动

（三）国家科技服务业统计分类（2018）

国家统计局规定，科技服务业范围确定为科学研究与试验发展服务、专业化技术服务、科技推广及相关服务、科技信息服务、科技金融服务、科技普及和宣传教育服务、综合科技服务等 7 大类。其中与网信资源潜力调查密切相关的主要有科学研究与试验发展服务、专业化技术服务、科技信息服务等 3 类，如表 2.8 所列。

表 2.8　国家科技服务业统计分类表（网信资源相关部分）

代码 大类	代码 中类	代码 小类	名称	说明	国民经济行业分类代码
11			科学研究与试验发展服务	科技创新平台、工程实验室、工程（技术）研究中心、大型科学仪器中心、分析测试中心、企业技术中心、新产品开发设计中心、科研中试基地、技术创新联盟等开展的服务活动包含在此大类	
	111		自然科学、工程、农业和医学研究		
		1111	自然科学研究和试验发展		7310
		1112	工程和技术研究和试验发展		7320
		1113	农业科学研究和试验发展	农学、林学、畜牧、兽医、水产学等农业科学领域中开展的科学技术研究和试验发展活动包含在此小类	7330
		1114	医学研究和试验发展	基础医学、临床医学、预防医学与卫生学、军事医学与特种医学、药学、中医学与中药学等医学领域中开展的科学技术研究与试验发展活动包含在此小类	7340
	112		社会人文科学研究		
		1120	社会人文科学研究		7350
12			专业化技术服务		
	121		专业化技术公共服务		
		1211	气象服务		7410
		1212	地震服务		7420
		1213	海洋服务		743
		1214	测绘地理信息服务		744
		1215	环境与生态监测检测服务		746
		1216	地质勘查		747
		1217	规划设计服务	仅包括为科技活动提供的规划设计服务	7485 * 7486 *
	122		检验、检测、标准、认证和计量服务		

（续）

代码			名　称	说　明	国民经济行业分类代码
大类	中类	小类			
		1220	质检技术服务	检验、检测、标准、认证、计量等服务包含在此小类	745
	123		工程技术服务		
		1231	工程管理服务		7481
		1232	工程监理服务		7482
		1233	工程勘察活动		7483
		1234	工程设计活动		7484
	124		专业化设计服务		
		1241	工业设计服务		7491
		1242	专业设计服务		7492
14			**科技信息服务**		
	141		信息传输科技服务		
		1411	固定电信科技服务	仅包括为科技活动提供的固定电信服务	6311 *
		1412	移动电信科技服务	仅包括为科技活动提供的移动电信服务	6312 *
		1413	其他电信科技服务	仅包括为科技活动提供的其他电信服务	6319 *
		1414	有线广播电视传输科技服务	仅包括为科技活动提供的有线广播电视网络和信号传输服务	6321 *
		1415	无线广播电视传输科技服务	仅包括为科技活动提供的无线广播电视传输覆盖网和信号传输服务	6322 *
		1416	卫星传输科技服务	仅包括为科技活动提供的人造卫星电信传输和卫星广播电视传输服务	633 *
	142		互联网技术服务		
		1421	互联网接入及相关服务		6410
		1422	互联网信息科技服务	仅包括为科技活动提供的互联网在线信息、电子邮箱、数据检索等服务	642 *
		1423	互联网平台		643
		1424	互联网安全服务		6440

（续）

代码			名　称	说　明	国民经济行业分类代码
大类	中类	小类			
		1425	互联网数据服务		6450
		1426	其他互联网服务		6490
	143		软件和信息技术服务		
		1431	软件开发		651
		1432	信息系统集成服务		6531
		1433	物联网技术服务		6532
		1434	运行维护服务		6540
		1435	信息技术咨询服务		6560
		1436	信息处理和存储支持服务		6550
		1437	集成电路设计		6520
		1438	其他未列明信息技术服务业		6599

（四）数字经济及其核心产业统计分类（2021）

国家统计局规定，数字经济是指以数据资源作为关键生产要素、以现代信息网络作为重要载体、以信息通信技术的有效使用作为效率提升和经济结构优化的重要推动力的一系列经济活动。本分类将数字经济产业范围确定为：01 数字产品制造业、02 数字产品服务业、03 数字技术应用业、04 数字要素驱动业、05 数字化效率提升业等 5 个大类。其中，与网信资源潜力调查密切相关的主要有 01 数字产品制造业、02 数字产品服务业、03 数字技术应用业、04 数字要素驱动业等 4 个大类，如表 2.9 所列。

表 2.9　数字经济及其核心产业统计分类表（网信资源相关部分）

代码			名　称	说　明	国民经济行业代码及名称（2017）
大类	中类	小类			
★01			**数字产品制造业**		
	0101		**计算机制造**		
		010101	计算机整机制造	指将可进行算术或逻辑运算的中央处理器和外围设备集成计算整机的制造，包括硬件与软件集成计算机系统的制造、来件组装计算机的加工	3911 计算机整机制造

（续）

代码			名　称	说　明	国民经济行业代码及名称（2017）
大类	中类	小类			
		010102	计算机零部件制造	指组成电子计算机的内存、板卡、硬盘、电源、机箱、显示器等部件的制造	3912 计算机零部件制造
		010103	计算机外围设备制造	指计算机外围设备及附属设备的制造，包括输入设备、输出设备和外存储设备等制造	3913 计算机外围设备制造
		010104	工业控制计算机及系统制造	指一种采用总线结构，对生产过程及机电设备、工艺装备进行检测与控制的工具总称；工控机具有重要的计算机属性和特征，如具有计算机 CPU、硬盘、内存、外设及接口，并有操作系统、控制网络和协议、计算能力、友好的人机界面；工控行业的产品和技术非常特殊，属于中间产品，是为其他各行业提供可靠、嵌入式、智能化的工业计算机制造	3914 工业控制计算机及系统制造
		010105	信息安全设备制造	指用于保护网络和计算机中信息和数据安全的专用设备的制造，包括边界安全、通信安全、身份鉴别与访问控制、数据安全、基础平台、内容安全、评估审计与监控、安全应用设备等制造	3915 信息安全设备制造
		010106	其他计算机制造	指计算机应用电子设备（以中央处理器为核心，配以专业功能模块、外围设备等构成各行业应用领域专用的电子产品及设备，如金融电子、汽车电子、医疗电子、信息采集及识别设备、数字化 3C 产品等），以及其他未列明计算机设备的制造	3919 其他计算机制造
	0102		**通信及雷达设备制造**		
		010201	通信系统设备制造	指固定或移动通信接入、传输、交换设备等通信系统建设所需设备的制造	3921 通信系统设备制造
		010202	通信终端设备制造	指固定或移动通信终端设备的制造	3922 通信终端设备制造
		010203	雷达及配套设备制造	指雷达整机及雷达配套产品的制造	3940 雷达及配套设备制造

（续）

代码			名称	说明	国民经济行业代码及名称（2017）
大类	中类	小类			
	0103		**数字媒体设备制造**		
		010301	广播电视节目制作及发射设备制造	指广播电视节目制作、发射设备及器材的制造	3931 广播电视节目制作及发射设备制造
		010302	广播电视接收设备制造	指专业广播电视接收设备的制造。不包括家用广播电视接收设备的制造	3932 广播电视接收设备制造
		010303	广播电视专用配件制造	指专业用录像重放及其他配套的广播电视设备的制造。不包括家用广播电视装置的制造	3933 广播电视专用配件制造
		010304	专业音响设备制造	指广播电视、影剧院、各种场地等专业用录音、音响设备及其他配套设备的制造	3934 专业音响设备制造
		010305	应用电视设备及其他广播电视设备制造	指应用电视设备、其他广播电视设备和器材的制造	3939 应用电视设备及其他广播电视设备制造
		010306	电视机制造	指非专业用电视机制造	3951 电视机制造
		010307	音响设备制造	指非专业用智能音响、无线电收音机、收录音机、唱机等音响设备的制造	3952 音响设备制造
		010308	影视录放设备制造	指非专业用智能机顶盒、录像机、摄像机、激光视盘机等影视设备整机及零部件的制造，包括教学用影视设备的制造。不包括广播电视等专业影视设备的制造	3953 影视录放设备制造
	0104		**智能设备制造**		
		010401	工业机器人制造	指用于工业自动化领域的工业机器人的制造，如焊接专用机器人、喷涂机器人、工厂用物流机器人、机械式遥控操作装置（遥控机械手）等	3491 工业机器人制造
		010402	特殊作业机器人制造	指用于特殊性作业的机器人的制造，如水下、危险环境、高空作业、国防、科考、特殊搬运、农业等特殊作业机器人	3492 特殊作业机器人制造

（续）

代码			名　称	说　明	国民经济行业代码及名称（2017）
大类	中类	小类			
		010403	智能照明器具制造	指利用用计算机、无线通信数据传输、扩频电力载波通信技术、计算机智能化信息处理及节能型电器控制等技术组成的分布式无线遥测、遥控、遥信控制系统，具有灯光亮度的强弱调节、灯光软启动、定时控制、场景设置等功能的照明器具的制造	3874 智能照明器具制造
		010404	可穿戴智能设备制造	指由用户穿戴和控制，并且自然、持续地运行和交互的个人移动计算设备产品的制造，包括可穿戴运动监测设备的制造	3961 可穿戴智能设备制造
		010405	智能车载设备制造	指包含具备汽车联网、自动驾驶、车内及车际通信、智能交通基础设施通信等功能要素，融合了传感器、雷达、卫星定位、导航、人工智能等技术，使汽车具备智能环境感知能力，自动分析汽车行驶的安全及危险状态目的的车载终端产品及相关配套设备的制造	3962 智能车载设备制造
		010406	智能无人飞行器制造	指按照国家有关安全规定标准，经允许生产并主要用于娱乐、科普等领域的智能无人飞行器的制造	3963 智能无人飞行器制造
		010407	服务消费机器人制造	指除工业和特殊作业以外的各种机器人的制造，包括用于个人、家庭及商业服务类机器人，如家务机器人、餐饮用机器人、宾馆用机器人、销售用机器人、娱乐机器人、助老助残机器人、医疗机器人、清洁机器人等	3964 服务消费机器人制造
		010408	其他智能消费设备制造	指其他未列明的智能消费设备的制造	3969 其他智能消费设备制造
	0105		**电子元器件及设备制造**		
		010501	半导体器件专用设备制造	指生产集成电路、二极管（含发光二极管）、三极管、太阳能电池片的设备的制造	3562 半导体器件专用设备制造
		010502	电子元器件与机电组件设备制造	指生产电容、电阻、电感、印制电路板、电声元件、锂离子电池等电子元器件与机电组件的设备的制造	3563 电子元器件与机电组件设备制造

（续）

代码			名称	说明	国民经济行业代码及名称（2017）
大类	中类	小类			
		010503	电力电子元器件制造	指用于电能变换和控制（从而实现运动控制）的电子元器件的制造	3824 电力电子元器件制造
		010504	光伏设备及元器件制造	指太阳能组件（太阳能电池）、控制设备及其他太阳能设备和元器件制造。不包括太阳能用蓄电池制造	3825 光伏设备及元器件制造
		010505	电气信号设备装置制造	指交通运输工具（如机动车、船舶、铁道车辆等）专用信号装置及各种电气音响或视觉报警、警告、指示装置的制造，以及其他电气声像信号装置的制造	3891 电气信号设备装置制造
		010506	电子真空器件制造	指电子热离子管、冷阴极管或光电阴极管及其他真空电子器件，以及电子管零件的制造	3971 电子真空器件制造
		010507	半导体分立器件制造	指各类半导体分立器件的制造	3972 半导体分立器件制造
		010508	集成电路制造	指单片集成电路、混合式集成电路的制造	3973 集成电路制造
		010509	显示器件制造	指基于电子手段呈现信息供视觉感受的器件及模组的制造，包括薄膜晶体管液晶显示器件（TN/STN-LCD、TFT-LCD）、场发射显示器件（FED）、真空荧光显示器件（VFD）、有机发光二极管显示器件（OLED）、等离子显示器件（PDP）、发光二极管显示器件（LED）、曲面显示器件以及柔性显示器件等	3974 显示器件制造
		010510	半导体照明器件制造	指用于半导体照明的发光二极管（LED）、有机发光二极管（OLED）等器件的制造	3975 半导体照明器件制造
		010511	光电子器件制造	指利用半导体光—电子（或电—光子）转换效应制成的各种功能器件的制造	3976 光电子器件制造
		010512	电阻电容电感元件制造	指电容器（包括超级电容器）、电阻器、电位器、电感器件、电子变压器件的制造	3981 电阻电容电感元件制造
		010513	电子电路制造	指在绝缘基材上采用印制工艺形成电气电子连接电路，以及附有无源与有源元件的制造，包括印刷电路板及附有元器件构成电子电路功能组合件	3982 电子电路制造

（续）

代码			名　称	说　明	国民经济行业代码及名称（2017）
大类	中类	小类			
		010514	敏感元件及传感器制造	指按一定规律，将感受到的信息转换成为电信号或其他所需形式的信息输出的敏感元件及传感器的制造	3983 敏感元件及传感器制造
		010515	电声器件及零件制造	指扬声器、送受话器、耳机、音箱等器件及零件的制造	3984 电声器件及零件制造
		010516	电子专用材料制造	指用于电子元器件、组件及系统制备的专用电子功能材料、互联与封装材料、工艺及辅助材料的制造，包括半导体材料、光电子材料、磁性材料、锂电池材料、电子陶瓷材料、覆铜板及铜箔材料、电子化工材料等	3985 电子专用材料制造
		010517	其他元器件及设备制造	指其他未列明的电子器件、电子元件、电子设备的制造	3979 其他电子器件制造 3989 其他电子元件制造 3990 其他电子设备制造
	0106		**其他数字产品制造业**		
		010601	记录媒介复制	指将母带、母盘上的信息进行批量翻录的生产活动	2330 记录媒介复制
		010602	电子游戏游艺设备制造	指主要安装在室内游乐场所的电子游乐设备的制造，包括电子游戏机等	2462＊游艺用品及室内游艺器材制造
		010603	信息化学品制造	指电影、照相、幻灯、投影、医学和其他生产用感光材料、冲洗套药，磁、光记录材料，光纤维通信用辅助材料，及其专用化学制剂的制造	2664 文化用信息化学品制造 2665 医学生产用信息化学品制造
		010604	计算器及货币专用设备制造	指金融、商业、交通及办公等使用的电子计算器、具有计算功能的数据记录、重现和显示机器的制造，以及货币专用设备及类似机械的制造	3475 计算器及货币专用设备制造
		010605	增材制造装备制造	指以增材制造（3D 打印）技术进行加工的设备制造和零部件制造	3493 增材制造装备制造
		010606	专用电线、电缆制造	指在声音、文字、图像等信息传播方面所使用的电线电缆的制造	3831＊电线、电缆制造

（续）

代码			名　称	说　明	国民经济行业代码及名称（2017）
大类	中类	小类			
		010607	光纤制造	指将电的信号变成光的信号，进行声音、文字、图像等信息传输的光纤的制造	3832 光纤制造
		010608	光缆制造	指利用置于包覆套中的一根或多根光纤作为传输媒质并可以单独或成组使用的光缆的制造	3833 光缆制造
		010609	工业自动控制系统装置制造	指用于连续或断续生产制造过程中，测量和控制生产制造过程的温度、压力、流量、物位等变量或者物体位置、倾斜、旋转等参数的工业用计算机控制系统、检测仪表、执行机构和装置的制造	4011 工业自动控制系统装置制造
★02			**数字产品服务业**		
	0201		**数字产品批发**		
		020101	计算机、软件及辅助设备批发	指各类计算机、软件及辅助设备的批发和进出口活动	5176 计算机、软件及辅助设备批发
		020102	通信设备批发	指各类电信设备的批发和进出口活动	5177 通信设备批发
		020103	广播影视设备批发	指各类广播影视设备的批发和进出口活动	5178 广播影视设备批发
	0202		**数字产品零售**		
		020201	计算机、软件及辅助设备零售	指各类计算机、软件及辅助设备的零售活动	5273 计算机、软件及辅助设备零售
		020202	通信设备零售	指各类电信设备的零售活动	5274 通信设备零售
		020203	音像制品、电子和数字出版物零售	指各类音像制品及电子出版物的零售活动	5244 音像制品、电子和数字出版物零售
	0203		**数字产品租赁**		
		020301	计算机及通信设备经营租赁	指各类计算机、通信设备的租赁活动	7114 计算机及通信设备经营租赁
		020302	音像制品出租	指各种音像制品的出租活动	7125 音像制品出租
	0204		**数字产品维修**		
		020401	计算机和辅助设备修理	指各类计算机和辅助设备的修理活动	8121 计算机和辅助设备修理

（续）

代码			名　称	说　明	国民经济行业代码及名称（2017）
大类	中类	小类			
		020402	通信设备修理	指电话机、传真机和手机等通信设备的修理活动	8122 通信设备修理
	0205	**020500**	**其他数字产品服务业**	指其他未列明数字产品服务业	
★03			**数字技术应用业**		
	0301		**软件开发**		
		030101	基础软件开发	指能够对硬件资源进行调度和管理、为应用软件提供运行支撑的软件的开发活动，包括操作系统、数据库、中间件、各类固件等	6511 基础软件开发
		030102	支撑软件开发	指软件开发过程中使用到的支撑软件开发的工具和集成环境、测试工具软件等的开发活动	6512 支撑软件开发
		030103	应用软件开发	指独立销售的面向应用需求和解决方案等软件的开发活动，包括通用软件、工业软件、行业软件、嵌入式应用软件等	6513 应用软件开发
		030104	其他软件开发	指其他未列明软件的开发活动，如平台软件、信息安全软件等	6519 其他软件开发
	0302		**电信、广播电视和卫星传输服务**		
		030201	电信	指利用有线、无线的电磁系统或者光电系统，传送、发射或者接收语音、文字、数据、图像、视频以及其他任何形式信息的活动	6311 固定电信服务 6312 移动电信服务 6319 其他电信服务
		030202	广播电视传输服务	指利用有线广播电视网络及其信息传输分发交换接入服务和信号，以及利用无线广播电视传输覆盖网及其信息传输分发交换服务信号的传输服务	6321 有线广播电视传输服务 6322 无线广播电视传输服务
		030203	卫星传输服务	指利用卫星提供通信传输和广播电视传输服务，以及导航、定位、测绘、气象、地质勘查、空间信息等应用服务的活动	6331 广播电视卫星传输服务 6339 其他卫星传输服务

（续）

代码			名　称	说　明	国民经济行业代码及名称（2017）
大类	中类	小类			
	0303		**互联网相关服务**		
		030301	互联网接入及相关服务	指除基础电信运营商外，基于基础传输网络，为存储数据、数据处理及相关活动提供接入互联网的有关应用设施的服务活动	6410 互联网接入及相关服务
		030302	互联网搜索服务	指利用互联网查找、检索存储在其他站点上的信息的服务活动	6421 互联网搜索服务
		030303	互联网游戏服务	指各种互联网游戏服务活动，包括在线网络游戏、互联网电子竞技服务等	6422 互联网游戏服务
		030304	互联网资讯服务	指除基础电信运营商外，通过互联网提供网上新闻、网上新媒体、网上信息发布等信息服务的活动	8610 * 新闻业 6429 * 互联网其他信息服务
		030305	互联网安全服务	指各种互联网安全服务活动，包括网络安全集成服务、网络安全运维服务、网络安全灾备服务、网络安全监测和应急服务、网络安全认证检测服务、网络安全风险评估服务、网络安全咨询服务、网络安全培训服务等	6440 互联网安全服务
		030306	互联网数据服务	指以互联网技术为基础的大数据处理、云存储、云计算、云加工、区块链等服务活动	6450 互联网数据服务
		030307	其他互联网相关服务	指除基础电信运营商外，通过互联网提供网上音乐、网上视频、网上表演（直播）、网络动漫、网络艺术品等信息服务的活动，以及物联网服务、互联网资源写作服务、基于IPv6技术提供的网络平台服务等未列明的互联网服务活动。不包括互联网支付、互联网基金销售、互联网保险、互联网信托和互联网消费金融等互联网信息服务	6429 * 互联网其他信息服务 6490 其他互联网服务
	0304		**信息技术服务**		
		030401	集成电路设计	指企业开展的集成电路功能研发、设计等服务活动	6520 集成电路设计

（续）

代码			名　称	说　明	国民经济行业代码及名称（2017）
大类	中类	小类			
		030402	信息系统集成服务	指基于需方业务需求进行的信息系统需求分析和系统设计，并通过结构化的综合布缆系统、计算机网络技术和软件技术，将各个分离的设备、功能和信息等集成到相互关联的、统一和协调的系统之中，以及为信息系统的正常运行提供支持的服务活动	6531 信息系统集成服务
		030403	物联网技术服务	指提供各种物联网技术支持的服务活动，包括物联网信息感知技术服务、物联网信息传感技术服务、物联网数据通信技术服务、物联网信息处理技术服务、物联网信息安全技术服务等	6532 物联网技术服务
		030404	运行维护服务	指各种运行维护服务活动，包括基础环境运行维护、网络运行维护、软件运行维护、硬件运行维护、局域网安装调试服务、局域网维护服务以及其他运行维护服务、网络技术支持服务等	6540 运行维护服务
		030405	信息处理和存储支持服务	指供方向需方提供的信息和数据的分析、整理、计算、编辑、存储等加工处理服务，以及应用软件、信息系统基础设施等租用服务，包括在线企业资源规划（ERP）、在线杀毒、服务器托管、虚拟主机等	6550 信息处理和存储支持服务
		030406	信息技术咨询服务	指在信息资源开发利用、工程建设、人员培训、管理体系建设、技术支撑等方面向需方提供的管理或技术咨询评估服务活动，包括信息化规划、信息技术管理咨询、信息系统工程监理、测试评估、信息技术培训等	6560 信息技术咨询服务
		030407	地理遥感信息及测绘地理信息服务	指各类地理遥感信息服务活动和遥感测绘服务活动，包括互联网地图服务软件、地理信息系统软件、测绘软件、遥感软件、导航与位置服务软件、地图制图软件等地理遥感信息服务，以及卫星定位测量、导航定位服务等遥感测绘服务	6571 地理遥感信息服务 7441 遥感测绘服务 7449 其他测绘地理信息服务

（续）

代码			名　　称	说　　明	国民经济行业代码及名称（2017）
大类	中类	小类			
		030408	动漫、游戏及其他数字内容服务	指将动漫和游戏中的图片、文字、视频、音频等信息内容运用数字化技术进行加工、处理、制作并整合应用的服务活动，以及数字文化、数字体育等其他数字内容服务	6572 动漫、游戏数字内容服务 6579 其他数字内容服务
		030409	其他信息技术服务业	指其他上述未列明的信息技术服务业，包括电信呼叫服务、电话信息服务、计算机使用服务等	6591 呼叫中心 6599 其他未列明信息技术服务业
	0305		**其他数字技术应用业**		
		030501	三维（3D）打印技术推广服务	指各类三维（3D）打印技术推广服务活动，包括 3D 打印服务、3D 打印技术推广等	7517 三维（3D）打印技术推广服务
		030502	其他未列明数字技术应用业	指其他未列明的数字技术应用业	
★04			**数字要素驱动业**		
	0401		**互联网平台**		
		040101	互联网生产服务平台	指专门为生产服务提供第三方服务平台的互联网活动，包括工业互联网平台、互联网大宗商品交易平台、互联网货物运输平台等	6431 互联网生产服务平台
		040102	互联网生活服务平台	指专门为居民生活服务提供第三方服务平台的互联网活动，包括互联网销售平台、互联网约车服务平台、在线旅游经营服务平台、互联网体育平台、互联网教育平台、互联网社交平台等	6432 互联网生活服务平台
		040103	互联网科技创新平台	指专门为科技创新、创业等提供第三方服务平台的互联网活动，包括网络众创平台、网络众包平台、网络众扶平台、技术创新网络平台、科技成果网络推广平台、知识产权交易平台、开源社区平台等	6433 互联网科技创新平台
		040104	互联网公共服务平台	指专门为公共服务提供第三方服务平台的互联网活动，包括互联网政务平台、互联网公共安全服务平台、互联网环境保护平台、互联网数据平台等	6434 互联网公共服务平台
		040105	其他互联网平台	指其他未列明的互联网平台	6439 其他互联网平台

（续）

代码			名　称	说　明	国民经济行业代码及名称（2017）
大类	中类	小类			
	0402		**互联网批发零售**		
		040201	互联网批发	指批发商主要通过互联网电子商务平台开展的商品批发活动	5193 互联网批发
		040202	互联网零售	指零售商通过电子商务平台开展的零售活动。不包括仅提供网络支付的活动，以及仅建立或提供网络交易平台和接入的活动	5292 互联网零售
	0403		**互联网金融**		
		040301	网络借贷服务	指依法成立，专门从事网络借贷信息中介业务活动的金融信息中介公司通过互联网平台实现的直接借贷活动	6637 网络借贷服务
		040302	非金融机构支付服务	指非金融机构在收付款人之间作为中介机构提供的货币资金转移服务，包括第三方支付机构从事的互联网支付、预付卡的发行与受理、银行卡收单以及中国人民银行确定的其他支付等服务	6930 非金融机构支付服务
		040303	金融信息服务	指向从事金融分析、金融交易、金融决策或者其他金融活动的用户提供可能影响金融市场的信息（或者金融数据）的服务，包括征信机构服务	6940 金融信息服务
	0404		**数字内容与媒体**		
		040401	广播	指广播节目的现场制作、播放及其他相关活动，包括互联网广播	8710 广播
		040402	电视	指有线和无线电视节目的现场制作、播放及其他相关活动，包括互联网电视	8720 电视
		040403	影视节目制作	指电影、电视、录像（含以磁带、光盘为载体）和网络节目的制作活动，以及影视节目的后期制作。不包括电视台制作节目的活动	8730 影视节目制作
		040404	广播电视集成播控	指交互式网络电视（IPTV）、手机电视、互联网电视（OTT）等专网及定向传播视听节目服务的集成播控活动	8740 广播电视集成播控

（续）

代码			名　称	说　明	国民经济行业代码及名称（2017）
大类	中类	小类			
		040405	电影和广播电视节目发行	指电影和影视节目的发行活动。不包括录像制品（以磁带、光盘为载体）的发行	8750 电影和广播电视节目发行
		040406	电影放映	指专业电影院以及设在娱乐场所独立（或相对独立）的电影放映等活动	8760 电影放映
		040407	录音制作	指可以在广播电台播放，或者制作成出版、销售的原版录音带（磁带或光盘），或者在其他宣传场合播放的录音节目的制作活动。不包括广播电台制作节目的活动	8770 录音制作
		040408	数字内容出版	指各类录音制品、电子出版物，以及利用数字技术进行内容编辑加工、并通过网络传播数字内容产品的出版服务	8624 音像制品出版 8625 电子出版物出版 8626 数字出版
		040409	数字广告	指在互联网平台投放，以广告横幅、文本链接、多媒体等形式，为外部客户提供宣传推广服务的活动	7251 互联网广告服务
	0405		**信息基础设施建设**		
		040501	网络基础设施建设	指光缆、微波、卫星、移动通信、工业互联网、物联网、5G 等网络基础设施的建设活动	4851＊架线及设备工程建筑 4910＊电气安装
		040502	新技术基础设施建设	指人工智能、云计算、区块链等新技术基础设施的建设活动	4851＊架线及设备工程建筑 4910＊电气安装
		040503	算力基础设施建设	指以数据服务器、运算中心、数据存储阵列等为核心，实现数据信息的计算、存储、传递、加速、展示等功能的数据中心、智能计算中心等算力基础设施的建设活动	4790＊其他房屋建筑业 4851＊架线及设备工程建筑 4910＊电气安装 4999＊其他建筑安装
		040504	其他信息基础设施建设	指上述未列明的其他信息基础设施的建设活动	
	0406	**040600**	**数据资源与产权交易**	指对数据资源与数字产权的交易活动	7213＊资源与产权交易服务

（续）

代码			名　称	说　明	国民经济行业代码及名称（2017）
大类	中类	小类			
	0407		**其他数字要素驱动业**		
		040701	供应链管理服务	指基于现代信息技术对供应链中的物流、商流、信息流和资金流进行设计、规划、控制和优化，将单一、分散的订单管理、采购执行、报关退税、物流管理、资金融通、数据管理、贸易商务、结算等一体化整合的服务	7224 供应链管理服务
		040702	安全系统监控服务	指各类安全系统监控服务活动，包括消防报警系统监控服务、治安报警系统监控服务、交通安全系统监控服务和其他安全系统监控服务。不包括公安部门的活动和消防部门的活动	7272 安全系统监控服务
		040703	数字技术研究和试验发展	指大数据、互联网、物联网、人工智能、VR/AR、边缘计算、异构计算、工业视觉算法等新兴计算关键技术，SDN（软件定义网络）、网络切片等关键技术研究应用，以及量子通信和其他数字技术的研发与试验发展活动	7320＊工程和技术研究和试验发展

三、国家统计局《统计用产品分类目录》（2010年版）与网信资源潜力调查相关的部分

在国民经济产品潜力统计数据上，各级统计部门多数执行的是“一套目录”，即国家统计局《统计用产品分类目录》（2010年版），这套目录是对社会经济活动中的实物类和服务类产品进行的统一分类和编码，适用于以实物类产品和服务类产品为对象的统计调查活动。该目录以《国民经济行业分类》国家标准为基础，一是在产品大类上与行业分类的大类基本一致；二是建立了与联合国《产品总分类》的转换关系；三是在产品库中对主要产品建立了与《海关统计商品目录》的转换关系。这套目录的一级目录共97个，其中与网信资源潜力调查相关的部分至少有9个一级目录、55个二级目录，如表2.10所列。

表 2.10　国家统计局《统计用产品分类目录》(2010 年版)与网信资源潜力调查相关的部分目录

36-专用设备(3)	40-通信设备、计算机及其他电子设备(21)	41-仪器仪表及文化、办公用机械(7)	59-邮政寄递服务(2)	60-电信和其他信息传输服务(5)	61-计算机信息服务(4)	62-软件服务(4)	76-专业技术服务(4)	89-广播、电视、电影和音像服务(5)
信息化学品生产设备	通信传输设备	电工仪器仪表	邮政服务	电信服务	计算机系统服务	基础软件设计服务	气象服务	广播服务
电子工业专用设备	通信交换设备	绘图、计算及测量仪器	快递业务	互联网信息服务	数据处理服务	应用软件设计服务	测绘服务	电视服务
邮政专用机械及器材	通信终端设备	导航仪器及装置		广播信号传输服务	计算机及外部设备维修服务	嵌入式软件服务	技术检测与标准认证服务	电影制作与发行服务
	移动通信终端设备及零部件	大地测量仪器		电视信号传输服务	其他计算机信息服务	软件技术服务	规划管理服务	电影放映服务
	通信接入设备	气象、水文仪器及装置		卫星传输服务				音像制作服务
	雷达、无线电导航及无线电遥控设备	光学、电子测量仪器						
	广播电视设备	照相机及器材						
	电子计算机及其部件							
	计算机网络设备							
	电子计算机外部设备及装置							

（续）

36-专用设备（3）	40-通信设备、计算机及其他电子设备（21）	41-仪器仪表及文化、办公用机械（7）	59-邮政寄递服务（2）	60-电信和其他信息传输服务（5）	61-计算机信息服务（4）	62-软件服务（4）	76-专业技术服务（4）	89-广播、电视、电影和音像服务（5）
	电子计算机配套产品及耗材							
	信息系统安全产品							
	真空电子器件及零件							
	半导体分立器件							
	光电子器件及激光器件							
	集成电路							
	微电子组件							
	电子元件							
	印制电路板							
	家用音视频设备							
	其他未列明电子设备							
……	……	……	……	……	……	……	……	……

以上“一个国标、四大分类、一套目录”，是各级统计部门在开展网信资源潜力调查工作时遵循的基本依据，相关网信资源潜力信息的数据库也是按照这“一个国标、四大分类、一套目录”来构建的。需要指出的是，地方统计机构所执行的“一个国标、四大分类、一套目录”，与军方的网信资源潜力调查需求内容在内容体系、指标设计、量纲测算等方面往

往还存在诸多不一致的地方。这个问题不解决，不仅难以满足部队的潜力调查需求，也会给地方的同志造成很大不便，从而影响网信资源潜力调查工作的效率。因此需要军地双方针对军地网信资源潜力调查内容不一致的问题进行深入的对接，彻底解决军地潜力调查内容“不一致”的问题，更好提升网信资源潜力调查内容的针对性、可操作性。

第四节　网信资源潜力调查内容的具体分类

基于前文分析，可以将网信资源潜力调查内容在理论上概括为包含五个方面的内容体系，具体包括信息网络资源、信息数据资源、信息力量资源、网络安全资源、电磁频谱资源等。

一、 信息网络资源潜力调查

信息网络资源是指收集、传输、处理与应用信息的系统和网络。它既包括宏观上的广电网、电信网、互联网和各行业的专用网等，也包括各个网系中的信息设备、传输媒质和人员等微观要素。因此，信息网络资源潜力不仅涉及全部信息网络（或网信基础设施）的所有传输设备、交换设备、终端设备、信息网络数据库、信息网络人才等有形资源，又涉及信息网络拓扑、网络容量、网络覆盖率等信息网络软指标。

（一）信息网络资源潜力调查需求

开展信息网络资源潜力调查工作，是为满足国家战时和应急需要，适时征用和调整民用信息网络资源，有效提高战时和急时国家信息传输和信息共享整体能力的基础和前提。开展民用信息网络资源潜力调查统计，既是确保国家战时“政令”“军令”的顺畅传递，在战前或平时所采取的必要措施和活动，也有利于加速国民经济信息化与国防信息化建设同步和融合式发展的进程。各类民用信息网络作为国家的重要战略资源，是未来信息化战争所需的物质基础，也是军队战时信息传输的主要依托和网信动员的主要对象，还是编制各种动员计划的基本依据。因此，必须摸清全国各区域主要信息网络的基本情况，以使信息网络动员计划和方案符合客观实际。

（二）信息网络资源潜力调查对象

信息网络资源潜力调查，涉及国家各电信运营公司的公用传输网络资源以及政府、行业、社会团体及民营、民间的专用网络资源，还有互联网资源等。根据拟开展网信资源潜力调查工作的行政区政府下发或批转的国防动员委员会有关国防资源潜力调查工作实施方案的通知，信息网络资源潜力调查范围和对象主要是该行政区区域内相关机关、科研院所、高等院校、大型企业（集团）以及中央驻当地单位的信息网络资源设备及相关支撑技术手段等。

（三）信息网络资源潜力调查内容

信息网络资源的主体内容，是国家和民用信息网络中一切可以动员的网络资源，主要包括光缆网络资源、短波网络资源、卫星网络资源、移动通信网络资源等。

1. 光缆网络资源

截至2023年12月，我国光缆线路总长度已达6432万千米，并整体保持较快增长态势。全国新建光缆中，接入网光缆、本地网中继光缆和长途光纤线路所占比重分别为62.4%、34.3%和3.3%。中国移动、中国联通、中国电信三大集团公司，拥有世界第一的通信传输网，境内基站光纤接入比例超过96%，通达或临近大部分办公和商业楼宇。根据《第53次中国互联网络发展状况统计报告》显示，截至2023年12月，我国互联网宽带接入端口数达到11.36亿个，较2022年12月净增6486万个；其中，光纤接入（FTTH/O）端口达到10.94亿个，较2022年12月净增6915万个，占比由95.7%提升到96.3%。服务领域从基础通信拓展到系统集成、网络安全、视频会议、视频监控、数据中心托管、呼叫中心及网络维护外包、网络管理、灾难备份、综合信息咨询等方面。中国三大电信运营商在近几年应对自然灾害天气的抢通、抢修、抢建行动中，体现出了强大的应急能力，在光缆网络运行、管理、维护等方面具有雄厚的动员基础，其强大的信息基础设施和全方位的信息服务能力，为战时实施网信动员提供了坚强的技术支撑和人才保障。同时，对军民共管共维共用模式进行了有益的探索，为战时光缆信息网络资源提供了可靠保障。

2. 短波网络资源

无线电短波（超短波）通信网是国防通信网的重要组成部分，是军事通信的基本力量，是保障军队作战指挥的主要通信手段。短波通信由于具有设备技术简单、通信距离远、组织通信灵活以及便于部队机动过程中的通信等特点，因而在军事通信领域一直得到特别的关注。我军历来都非常重视无线电短波通信建设，经过数十年的努力，现已建成规模大、覆盖范围广、具有一定抗毁能力的固定无线电短波通信骨干网、野战无线电单边带和双边带电台通信网、各军兵种专用无线电短波电台通信网。而且，我国民用短波网络资源也极为丰富，组织广泛，人员众多，设备多样，战时可为实施短波信息网络资源提供支持。

3. 卫星网络资源

卫星通信是军事通信的重要手段之一。由于它具有其他通信手段所不具备的广域覆盖通信的特点，且不受地理环境限制，因而在军事通信领域得到广泛应用，并成为当代军事通信发展的主流。海湾战争期间，卫星通信担负了整个战场信息传递总量的90%，成为战争通信的主要手段。海湾战争之后，美军事通信专家认为：“在海湾战争期间，通信发挥了非常重要的作用，而卫星通信则发挥了关键性的作用。”由此可见，卫星通信在信息化作战指挥中的地位非同一般。经过数十年的建设，我军卫星通信走过了从军民结合、独立自主到军民融合的发展历程，已具备了一定的发展基础和应用规模。目前，已建成军事星与军民共用星相结合、战术卫星通信系统与战略卫星通信系统互为补充的新一代军用卫星通信体系。

4. 移动通信网络资源

现代移动通信技术的快速发展和广泛应用，几乎涉及人类活动的各个领域。移动通信几乎集中了现代通信的传输、交换、信息处理以及计算机通信等所有技术。不仅在一个地区或一个国家之内，甚至在世界范围或宇宙空间的一定范围内都可方便灵活地进行通信。不仅可以传输话音信息，而且也可以传输数据、图像等多种非话业务。无论是在民用通信还是在军事通信中，移动通信都发挥着重要的作用。自军队 CDMA 移动通信工程建设起，我军依托国家公共移动通信网络，先后建成了覆盖全国的军队 CDMA 保密移动通信系统，开展了军队 TD-SCDMA 专项试验网论证和试点建设，研发了具有高速数据传输、视频动态监控、导航定位标绘、多级安全保密的移动数据平台，为军队移动通信提供了坚实的系统网络和装备手段基础。根据中国政府网 2023 年 10 月 21 日数据显示，我国已累计建成 5G 基站 337.7 万个，覆盖所有地级市城区、县城城区，5G 移动电话用户达 8.05 亿户。我国移动通信网络的快速发展，为实施移动通信信息网络资源奠定了良好的基础。

二、信息数据资源潜力调查

信息数据资源是网信时代的重要战略资源，开展信息数据资源潜力调查，对于为需要信息的用户提供所需信息数据至关重要，是广泛开展各种信息活动的重要基础性工作。

（一）信息数据资源潜力调查需求

信息数据资源是网信资源的重要内容，涉及信息用户、信息服务者（提供商）、信息产品、信息服务平台（设施）和信息服务方法。为用户提供信息数据服务，其核心任务就是利用计算机、通信和网络等现代科学技术对信息进行生产、收集、处理、加工、存储、传输、检索和利用，并以合适的信息产品及表示方式为合适用户提供所需的服务。其中，用户的信息需求是驱动整个信息服务或信息管理流程的原动力，对信息数据资源潜力调查提出了很高要求。

（二）信息数据资源潜力调查对象

根据信息数据资源特点和信息数据服务的基本流程，信息数据资源潜力调查对象主要包括以下几个方面：一是部队信息用户及其基本需求和网信动员活动决策机关，他们是信息接收者，是信息服务的对象，是信息产品的利用者，是检验信息服务最终效果的关键要素；二是信息服务者，即从事信息服务的各机构及机构中的有关人员，是信息服务的主体，信息服务者通过选择、加工、提供信息产品来满足用户的信息需要；三是信息产品的主要形式及基本属性，它是信息服务者收集、整理加工的各种已知的或潜在的社会信息、科学知识及科研成果，体现了信息服务区别于其他服务的本质特征；四是信息服务平台或设施类型和性能，这是信息服务的物质基础和必要条件；五是信息服务方法，即实施信息服务的各类操作技巧、方式、程序，它是保证信息服务效果的抓手。下面主要从公用信息数据资源、武器装备信息数据资源和作战保障信息数据资源等方面，分析和讨论信息数据资源动员潜力调查内容。

（三）信息数据资源潜力调查内容

根据信息数据资源动员的定义，信息数据资源动员的对象包含战争、重大突发事件和经济社会发展所涉及的一切信息数据资源。信息数据资源主要包括公用信息数据资源、武器装备信息数据资源、战场环境信息数据资源和作战保障信息数据资源等。

1. 公用信息数据资源

公用信息数据资源主要包括地理空间数据、人口数据、经济数据资源，以及动员法规、标准数据等资源。

（1）地理空间数据。权威机构研究表明，各项动员都要使用的地理空间信息，主要集中在交通、行政边界、高程、水文和地籍五个方面，加之正射影像和大地测量控制是最基础的控制与定位信息，故地理空间基础数据主要包括 7 个方面的数据，即大地测量控制数据、正射影像数据、数字高程数据、交通数据、水文数据、行政边界数据、地籍数据。大地测量控制数据，为所有地理数据提供相同的坐标参考系；正射影像数据，提供各种分辨率的图像数据；数字高程数据，提供地面起伏信息，包括陆地高程和水深；交通数据，提供公路、小路、铁路、水路、机场、港口、桥梁、隧道相关信息；水文数据，提供地球表面河流和水面的位置、名称和相应的编码；行政边界数据，提供国家和地区行政区域的界线；地籍数据，提供产权归属信息、地籍测量参考系、公管地块（禁区、公园）信息。

（2）人口基本数据，是指描述人口基本状况的数据，主要包括总人口的数量、性别、年龄、专业分布，以及单个人员的姓名、性别、出生/死亡时间等，是实施信息力量动员的基本依据。

（3）经济基本数据，是指描述经济基本状况的数据，主要包括 GDP 数据、产业分布数据、产业的产能与产量数据等，是实施国防经济动员的基础。

（4）动员法规、标准数据，是国家、军队、地方政府颁布的有关动员的法律、法规、条令、条例、政策、标准的总和，是确保动员工作有序展开的关键。

2. 武器装备信息数据资源

武器装备动员是指国家为了满足战争或突发事件对装备的需要，在由平时状态转入战时或应急状态的过程中，依法对武器装备资源进行统一调配与使用，有计划、有组织地提高武器装备战时科研、生产和保障能力的活动。要想战时快速、有序实施武器装备资源动员，必须在平时做好武器装备信息数据资源动员的相关工作，减少战时动员的随意性和盲目性。具体来讲，武器装备信息数据资源主要包括主战装备、电子信息装备、保障装备等信息数据。

主战装备信息数据资源可分为陆战装备、海战装备、空战装备和天战装备信息数据资源等。

电子信息装备，包括系统、设备、软件和技术器材等。系统信息数据资源，主要指通信与指控装备、预警探测装备、情报侦察装备、通信导航装备、信息战装备的信息数据资源等。技术支撑层次装备信息数据资源，主要指军用计算机、军用软件、电子信息测试仪器设备、军用元器件信息数据资源等。

保障装备是指为主战装备和电子信息装备提供作战保障和技术保障的装备，是主战装备和电子信息装备发挥其应有效能不可缺少的组成部分，主要包括车船工化装备、气象测绘装备、技术维修装备、后勤训练模拟装备等。

3. 战场环境信息数据资源

战场环境信息数据资源，是未来作战必备的重要资源，对指挥决策具有重要的支撑作用。战场环境信息数据资源包括以下方面：军事测绘信息数据资源，即大地测量信息数据资源，利用物理大地测量和卫星大地测量等方法对地面或空间目标实施精密测定的经度、纬度、高程和引力场等信息数据资源；摄影测量信息数据资源，即利用地面、空中摄影机（或传感器）直接获取地面像片（或地形信息），并经过对像片的分析、判读、量测（或信息处理）和野外调绘等，测制出精密的地形原图、像片图和数字地形模型信息数据资源等；地图制图信息数据资源，即按照军用地图的要求进行的地图投影选择、地图编绘和地图制印等信息数据资源；海洋测绘信息数据资源，即海洋大地测量、水深测量、海底地形测量和海图测制等信息数据资源；工程测量信息数据资源，包括勘测设计控制测量、地形测量、设计安装、运行监测与维护测量等信息数据资源。

4. 作战保障信息数据资源

作战保障信息数据资源，是指对作战指挥、日常战备、非战争军事行动等具有影响和制约作用，且可以用人工方式或者用自动化装置进行通信、翻译转换和加工处理的各种数据，是用于保障作战指挥和部队重要行动顺利进行的各种数据。作战数据主要包括基础属性数据、动态情况数据和决策意图数据，具有确定性、动态性、实时性、权威性等基本特征。

基础属性数据资源，包括通用基础数据和业务基础数据资源。通用基础数据是指支持跨部门、跨领域、跨层级联合作业的数据，通常为人员、组织机构、物资、装备、设施、地理信息、气象水文、政治、经济状况、社会情况等数据；业务基础数据是指支持各业务部门具体业务工作而使用的数据，通常包括作战、情报、通信、电子对抗、电磁环境、民用信息设施状况等。

动态情况数据资源，就是依赖时间参数显著变化的数据，主要包括作战行动产生的部队位置等动态情况数据、侦察及传感设备侦测的海空情动态情况数据、侦察及导航卫星获取的全球主要军事行动数据、频谱监测设备监测的动态频谱资源数据等。

决策意图数据资源，主要由经过分析、综合和整编的决策支持和指挥数据组成。具体包括性能对比分析数据、作战能力分析数据、指挥指令控制数据等，能够为各级指挥员的指挥决策活动提供重要支撑。

三、信息力量资源潜力调查

信息力量资源是指信息领域的相关人员队伍、信息装备、器材等物质资源的统称，是网信动员的重要组成部分，也是网信资源潜力调查的重要内容，对适应战争形态向信息化战争的转化、确保战（急）时信息保障工作的正常运行、增强和保持军队战斗力具有重要意义。

（一）信息力量资源潜力调查需求

信息化战争突发性强，预警时间短，信息器材和装备消耗量大，补给要求急，信息装备保障任务艰巨繁重。信息力量资源潜力调查的基本任务是搞好信息领域人员队伍、装备器材等资源的广泛摸底和调查，为网信产业部门及相关单位提供原材料、动力和设备，扩大军用信息装备的生产规模，保障战争需求奠定坚实基础，以解决平时有限的军工生产规模与战进急剧膨胀的需求之间的矛盾。因此，平时要充分做好信息力量资源的潜力调查工作，为顺利地实施信息力量资源动员提供可靠的保证。

（二）信息力量资源潜力调查对象

信息力量资源，从广义上讲应包括与信息设备制造活动相关的所有人力、物力、财力等资源，还有技术保障和政策支持等。因此，信息力量资源潜力调查应主要针对通信设备制造业、电子计算机制造业、广播电视设备制造业、雷达制造业、视听设备制造业、电子测量仪器制造业、电子专用设备制造业、电子元件制造业、电子器件制造业、电子信息机电制造业等行业的人力、物力、财力、技术保障及优惠政策等基本对象，开展全面深入的调查工作。

（三）信息力量资源潜力调查内容

信息力量资源动员是网信动员的主体内容，搞清信息力量资源动员的内容，是加强平时信息力量建设和战时信息力量资源动员所需，也是开展信息力量资源潜力调查所必需。通常来讲，信息力量资源内容主要包括预备役信息力量、民兵信息力量和行业部门信息力量等。

1. 预备役信息力量

预备役信息力量，以遂行信息化局部战争和非战争军事行动信息支援保障为职能。平时在服务国家和地方经济建设的同时，按照党中央关于预备役部队建设的有关指示要求，加强全面建设，做好动员准备，不断提高快速动员和遂行战略信息支援保障任务的能力；战时根据国家发布的动员命令转服现役，担负信息支援保障任务。

2. 民兵信息力量

“兵民是胜利之本”，不管时代如何变迁，战争的伟力始终存在于民众之中。民兵作为我国武装力量的重要组成部分，不仅代表战争潜力，更是战争实力，具有强大的战略威慑力。未来信息化战争必将需要大量的信息力量，而任何类型的军事专业技术人员在民间都有众多的“孪生兄弟”，利用民兵信息力量，完全可以能动地巩固信息战场。民兵信息力量不但可以对军队实施支援和保障，而且可以直接参加战争。

3. 行业部门信息力量

信息产业是信息社会的主导产业，也是网信动员的重要依托。随着国家信息化建设的强力推进，我国信息产业蓬勃发展，各类信息行业具备了很强的网信动员能力。信息化条件下开展信息力量资源潜力调查，必须把信息产业作为主要潜力调查领域，把网信资源密集的单位和行业作为潜力调查的重点。通常来看，行业部门信息力量，主要由信息产业力量和信息应用力量两部分组成。信息产业力量，主要指第一信息部门就业的信息化力量，根据北美产业分类体系，广播电影电视业、传播与文化业力量（含出版业力量）也应算为信息产业力量。信息应用力量，主要指第二信息部门就业的信息化力量，包括第二信息部门专业网信技术力量等。

四、网络安全资源潜力调查

网络安全资源动员，是指国家为应对战争和重大突发事件，以及服务经济社会发展，采取紧急措施调动和运用网络安全资源的活动。网络安全资源潜力，则主要包括信息领域的人才潜力、技术潜力以及两者有机融合而产生的科研潜力等。

（一）网络安全资源潜力调查需求

信息化条件下，作为科学技术的重要组成部分——网络安全，是维护国家总体安全的重要工作。其中，网络安全人才是信息化战争胜利之本，是科技能力转化为战斗力的关键，网络安全技术是转化的手段和桥梁，高水平科研项目是物化的成果。只有建立结构合理、能够有效从事网络安全技术运行和管理的高素质信息人才队伍，才能适应未来信息化战争的需要。因此，加强网络安全领域资源的潜力调查，对于将网络安全防护的巨大潜能有效转化为实际军事能力具有极其重要的作用。

（二）网络安全资源潜力调查对象

网络安全资源潜力调查主要涉及国家和地方院校、科研院所、信息设备生产厂家及社会网络安全资源，具体包括各类网信类院校、综合型大学的网络安全和信息化相关院系或专业、网信类研究机构、网信类生产企业和军工企业，以及零散于其他行业部门的网信技术人员、网信技术设备、科研环境及科研成果等，包括社会上一些特殊网信技术专家与尖子人才等。

（三）网络安全资源潜力调查内容

网络安全资源，主要包括软件开发资源、网络安全防护资源、信息保密资源、国防工程安全防护资源、舆论宣传安全防护资源等。

1. 软件开发资源

软件与信息技术服务业是关系国民经济和社会发展全局的基础性、战略性、先导性产业，具有技术更新快、产品附加值高、应用领域广、渗透能力强、资源消耗低、人力资源利用充分等突出特点，对经济社会发展具有重要的支撑和引领作用。当前，随着软件与信息技术服务业地位的显著提升，在对经济社会发展贡献突出的同时，对军队的贡献率也在日益提升，为军队研制的操作系统、数据库、办公套件、中间件等产品的质量和性能明显提升，军队关键部门、重点领域的信息软件服务迅速发展，已经成为信息科技与产业动员的重要组成部分。在未来作战中，军队所用的各类应用软件都需国家参与系统软件开发的各类信息软件企业参与到作战软件保障中去，为其提供修改完善、升级等服务，甚至还需要这些企业重新开发软件以满足作战指挥信息系统需要。这就需要对这些信息软件企业进行摸底和潜力调查，以满足军队作战对软件保障的需求。

2. 网络安全防护资源

随着网信技术的飞速发展，信息安全已涉及军民共用的电话网络、移动通信、国际互联网和大众媒体等社会网信资源的多种网络安全，网络的防攻击破坏成为网络资源安全的关键。尽管我们正在广泛地使用各种复杂的软件技术，如防火墙、代理服务器、侵袭探测器、通道控制机制，但是，无论在发达国家，还是在发展中国家，“黑客”活动越来越猖狂，他们无孔不入，对社会造成了严重的危害。与此同时，更让人不安的是，互联网上“黑客”网站还在不断增加，学习“黑客”技术、获得“黑客”攻击工具变得轻而易举，这就使原本就十分脆弱的互联网越发显得不安全。针对各种来自网上的安全威胁，怎样才能确保网络信息的安全性，尤其是网络上重要数据的安全性，成为网络安全防护资源动员的重要内容。

因此，要广泛摸清相关网络安全防护资源的情况，为网络安全防护提供各种保障，包括技术保障、宣传普及网络安全防护等知识。

3. 信息保密资源

信息主导是信息化战争的显著特征，战时作战指挥信息存储、管理、传输是否安全可靠，将对战斗的胜负起着决定性的作用，而信息安全保密必须依托于各种保密资源，只有充分发挥我国信息安全保密资源动员的优势，才能确保我军战时的信息安全可靠。一是根据敌对势力可能通过互联网、新闻媒体、报刊杂志等媒介，对我军事及社会经济建设信息进行窃取等活动，摸清相关网络安全防护力量的底数；二是针对我国信息网络和信息设备自主知识产权少、存在严重安全隐患的严峻形势，摸清具有自主知识产权信息设备和信息安全设备的底数。

4. 国防工程安全防护资源

国防经济建设是综合国力的重要组成部分，是网信动员潜力的基础，关系国计民生，在发展经济建设的同时，更要注重和加强包括国防工程在内的社会公共设施安全。从现代战争的特点和近期局部战争来看，城市通信、电力、供水、机场、港口等目标已成为被攻击的主要对象。在城市现代化迅速发展的今天，面对强权政治、国际恐怖主义、民族分裂势力，要重视做好城市重要目标的防护准备，摸清相关国防工程安全防护资源底数，采取积极有效的防护措施，确保城市具备应对战争等突发事件的能力，确保城市能够在战争等突发事件中保持相对稳定。

5. 舆论宣传安全防护资源

舆论宣传安全防护资源动员，是有效防范西化的重要手段，是安全防护资源动员的重要内容。要对互联网、新闻媒体、书刊杂志等媒介的安全检测和主流新闻网站等防护资源进行全面排查，掌握能力底数；要充分掌握防火墙、启用分级过滤软件等有效技术手段的数量和质量，了解甄别、发现、查封、堵截、屏蔽、过滤和清除有害信息的能力情况。

五、 电磁频谱资源动员潜力调查

电磁频谱资源，是指国家为应对战争和重要突发事件，以及服务经济社会发展，采取紧急措施调动和运用的电磁频谱领域的频率、人力、物力等资源。开展电磁频谱资源潜力调查，是信息化条件下作战和维稳的迫切需要，也是维护国家电磁空间战略资源的现实要求。

（一）电磁频谱资源潜力调查需求

为了保证战时或急时电磁频谱动员的有效实施，平时必须加强对军民电磁频谱资源潜力调查工作，通常由军队电磁频谱管理机构会同国家无线电管理机构，在国家国防动员机构的领导下具体组织实施，具有动员与管控一体、平时和战时一体、日常共管与急时共管一体的特点。通过潜力调查，全面摸清军民用电磁设备的底数，彻底查清用频装（设）备、台站开设位置和工业设备布局以及带外辐射参数、战场电磁环境等基本情况，全面掌握频谱管理力量潜力及其配置，建立战场电磁频谱综合数据库，为战时实施全面动员和有效管理奠定基础。

（二）电磁频谱资源潜力调查对象

电磁频谱资源作为一个全新的动员领域，既有与其他传统动员相通的共性，也有其自身的显著特点。电磁频谱资源动员范围较强的广泛性，决定了电磁频谱资源潜力调查对象范围宽泛性的特点。从动员主体上讲，包括国有、集体、个体、合资等不同所有制形式的科研机构、企事业单位及所属人员；从动员行业上讲，包括电信、移动、航空、航天、广电等行业系统拥有的无线通信和卫星导航设备及从业人员；从空间地域上讲，既有覆盖全国、联通世界的无线通信网络，又有遍布城乡的各类无线信号发射台（站），还有不同高度、各种用途的太空卫星，这些共同构成了电磁频谱动员的巨大潜力资源。

（三）电磁频谱资源潜力调查内容

电磁频谱资源存在于作战的全时空，作用于战争的全要素，贯穿于作战的全过程。目前，频段越来越拥挤，频谱需求越来越旺盛，频谱资源供需矛盾的现象越来越突出。明确电磁频谱资源潜力调查内容十分重要，通常应包括以下基本内容。

1. 掌握频谱资源的可用情况

理论上电磁频谱是覆盖 0 至无穷大赫兹的一种特殊自然资源。按照频率由低到高的顺序，包括无线电波、红外线、可见光、紫外线、X 射线、伽马（γ）射线和宇宙射线。一般意义上，国际电信联盟规划的可以利用电磁频谱范围为10kHz~400GHz，低于这一范围进入音频，高于这一范围进入光波的范围。但受目前信息技术水平的限制，可供人类开发和使用的频谱只占资源总量的68%。其中，3GHz以下最优频谱，应用趋于饱和，发展空间受限；3~10GHz的好用频谱，应用更广泛，竞争更趋激烈；10~60GHz的可用频谱，技术日趋成熟，抢占优先使用权的趋势更加明显；60GHz以上的待开发频谱，开发利用受技术和元器件的限制，亟待突破；卫星频率轨道资源的好用频率瓜分殆尽，“黄金导航频率”的80%已被美国和俄罗斯率先抢占。因此，在开展频谱资源潜力调查时，一定要把频谱资源的可用性调查清楚，切实把能不能用、能用多少、能专属专用的有多少、能兼容共用的有多少等情况掌握细致。

2. 掌握频谱资源的商业价值属性

英国政府在其发布的《21世纪的频谱管理》白皮书中，明确提出引入频谱定价、频谱拍卖、频谱贸易等手段，激励频谱资源的高效利用和新技术的研发。据不完全统计，近20年来，美、英、德、法、韩等国为发展第三代、第四代移动通信网络，所拍卖的频谱价值共计约1300亿美元。同时，有研究采用（柯布–道格拉斯生产函数）实证分析方法，通过对我国近10年的数据进行分析后，测算出频谱投入对我国GDP增长率的贡献高达6.3%，频谱资源投入对经济增长的贡献率则达到4.61%，已经超过人力资本对经济增长的贡献率。因此，在开展频谱资源潜力调查时，还应当把频谱资源的经济商用价值调查清楚。

3. 掌握频谱资源“三域”分割相关情况

目前，除了航空无线电导航、遇险搜救、射电天文等业务用频属于“专属专用”的保障方式外，其他约90%以上的频段都由多种无线电业务共用。之所以能够共用，主要由于电磁频谱具有空间域、时间域、频率域的三维特性。当多种用频武器装备密集部署时，电磁波在空域上纵横交错、时域上动态变化、频域上密集交错，“三域”重叠问题就很难避免，容易导致用频装备电磁通道“撞车打架”，产生自扰、互扰，也容易受到干扰。但三域中只要有一域区分好，用频武器装备之间也就不会干扰。因此，在开展频谱资源潜力调查时，要把频域上可征用多少、时域上能利用多少、空域上能复用多少等基本情况掌握清楚，以更好地支撑频谱资源征用工作。

4. 掌握频谱资源的可开发情况

目前，很多国家都注重在前端做好频谱资源规划、统筹管理好频谱资源的使用，后端对在用和退役装备节余下来的频谱资源进行重新规划。其中，美国提出的频谱碎片整理技术，欧洲开发的“频谱池”技术，都是将不连续的频谱资源收集整合，提高频谱的使用效益。因此，在开展频谱资源潜力调查时，要把这部分能够开发出来的频谱资源也调查清楚，提升频谱资源使用效益。

第三章　网信资源潜力调查方法

潜力调查是一项具有科学性、广泛性的工作，各种资料或数据的搜集、获得有多种多样的方法。网信资源潜力调查是科学调查研究领域内的一项重要实践活动，也是国防资源潜力调查的一个重要组成部分。经过长期的实践，国防资源潜力调查已形成了多种科学的方法，构成了一整套灵活性、科学性、规范性极强的方法体系。网信资源由于其许多调查内容和调查统计对象与整个国防资源的调查统计具有一致性，因此主要采用与国防资源相同的潜力调查方法，如普查、重点调查统计和抽样调查统计等，只是网信资源潜力调查的机构、调查的目的和具体的登记统计项目有所区别而已。但由于网信资源潜力调查对象、范畴、内容和目的不同，在网信资源潜力调查实际操作中适用的范围、使用的频率、登记统计的内容和具体的组织表现形式也有所区别。另外，由于网信动员涉及面广、专业性强、保密等级高等原因，它还能根据其动员领域的特殊性对传统调查方法进行一些有针对性的创新运用，如基于“云平台”的网信资源潜力调查方法创新运用。

第一节　网信资源潜力调查的基本方法

从既往我国国防资源潜力调查的实践看，实际应用较多的主要有普查法、重点调查法、抽样调查法、电子统计法、报告法等五种。

一、普查法

普查法是一种全面、系统的调查方法，通过对研究对象的全体成员进行调查来收集信息，是潜力调查统计中常用的重要方法。

（一）普查法的概念和特点

普查是专门组织的一次性的全面调查，一般用来调查属于一定对象状态的社会客观现象的全面详细资料，也可用于搜集某一时期现象的数据，主要用来摸清和掌握某些关系国情、国力的基本情况。如科技人员普查、物资库存普查、工业普查、农业普查、自然资源储量普查、人口普查等。

普查法的主要特点主要有三点：一是调查对象范围比较全面、广泛。一般用来调查统计属于一定对象状态的社会客观现象的全面详细信息，覆盖社会的各个方面、各个层次。就网信资源潜力普查而言，是指一个国家或地区为详细了解和掌握全部或某项重要的网信资源潜力而专门组织的一次性的、大规模的全面调查统计，以搞清网信资源潜力的基本情况，其调查对象涉及网络安全和信息化领域的方方面面。二是工作量大。普查往往在全国范围或某些地区、系统、行业领域内进行，调查统计项目多、数据信息内容细，一些详细资料难以从统计报表中得到，甚至有些数据、信息在平时统计中没有进行详细区分或根本就不进行统计。因此，普查工作量比较大，需要投入大量的人力、物力和财力，时间性强，组织工作繁重而复杂，不宜经常进行。以1982 年第三次人口普查为例，这次普查从 1979 年底国务院人口普查领导小组成立算起，到 1985 年 11 月底宣布普查结束，共历时约六年，其中普查登记时间是 1982 年 7 月 1 日，而全部资料处理完毕，至 1984 年才公布结果，历时两年。正式参加 1982 年第三次人口普查的人员有 518 万普查员、109 万普查指导员，13 万编码员，4000 多名计算机录入人员、1000 多名计算机工作人员，以及 1000 多万基层干部、积极分子的配合、协助。第三次人口普查，仅普查专项经费就花费人民币约 4 亿元，另外联合国还赞助了 1560 万美元。除此以外，普查人员的工资、劳务费用尚未计入普查经费之中。因此，普查工作不宜经常举行。我国人口普查每 10 年一次，截至目前共开展了 7 次，第七次人口普查已于 2020 年实施。三是依托组织或机构实施。普查法通常应成立专门的普查组织，配备一定数量的普查工作人员，对调查统计对象直接进行登记统计。以第七次全国人口普查为例，按照“全国统一领导、部门分工协作、地方分级负责、各方共同参与”的原则，自上而下按照 6 级组织机构进行实施，如图 3.1 所示。

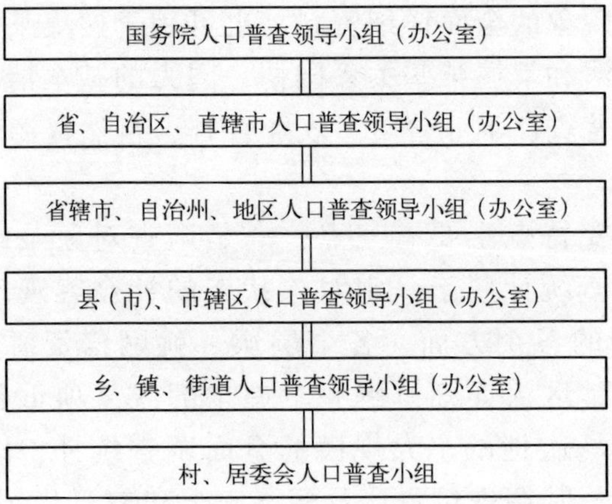

图 3.1　第七次全国人口普查组织机构示意图（2020 年）

（二）普查法的使用要求

组织网信资源潜力普查，应预先设计好普查方案，特别是要重点明确好以下事项：一是规定普查的标准时点。所谓标准时点，就是对被调查统计对象登记时所依据的统一时点。因为普查对象大多属于时点现象，规定统一时点，才可以使调查统计资料反映同一时点上的情况，避免重复和遗漏，从而保证普查资料的准确性。标准时点的选择要依据研究任务、调查统计对象的性质和实际条件决定。如国家对人口资源的普查，标准时点都定在当年的 7 月 1 日零点，凡是 7 月 1 日零点存活的中华人民共和国公民都须在普查中登记，而在这一时间后出生的婴儿则不予登记。二是普查工作要在规定的范围内同时进行，要尽可能在最短时间内完成，以保证数据的准确和实效。三是普查前应做好试点工作，以便以点推面，在获取经验教训的基础上指导全面工作，确保整个普查工作既富有成效，又能顺利完成，并能提高质量。网信资源潜力普查后还应及时组织审查和检查，确保普查资料的准确性，具体可采取抽样核查和局部复查的方式进行。四是普查项目应尽可能保持连续性，以便于对相关数据、信息进行动态分析比较。

就网信资源潜力普查而言：①在组织周期上，一般是每隔一定周期进行一次，或为某个特定的目的而开展，普查的对象和内容通常是全方位的，覆盖社会与网信动员内容相关的各个方面、各个层次。②在普查机构上，网信资源潜力普查可以利用现有网信资源潜力调查部门和机构，成立专门的普查组织，配备一定数量的普查工作人员，对调查统计对象直接进行登记统计。③在普查形式上，为节约人力、物力和财力，网信资源潜力调查统计能与国家正常统计工作或国防资源潜力调查统计一并进行的，最好是一并进行；能与基层单位日常核算、报表资料等一起登记统计的，要尽量一起登记统计。④在普查方法上，网信资源潜力普查，通常采用逐级布置和逐级汇总的方法进行。为了满足国家安全和特定行动所需，也可以采用快速调查统计的方法，在大的项目、重点调查统计对象和小区域范围开展，由普查的最高组织机构直接向有关单位布置任务，搜集资料信息。网信资源潜力平时普查一般采用前种方式，战时普查则通常采用后种方式。普查时，既可以组织调查人员走访各个对象，也可以采取问卷调查统计的方式。调查人员走访，可直接观察、登记实体，也可查阅资料，比照分析。通常情况下，可以查阅的资料主要有当地年鉴、兵要地志、政府工作报告、统计部门统计结果、当地军事机关民兵预备役建设成果记录、机构编制等。

二、重点调查法

重点调查法是一种非全面调查方法，其目的是了解总体情况中比较重要、具有代表性的那部分样本情况，并从局部数据推演出整体数据。一般来讲，在调查任务只要求掌握基本情况，而部分单位又比较有代表性时，可以采用重点调查法。

（一）重点调查法的概念和特点

重点调查，是指在所要调查统计的全部对象中选择一部分重点对象，或在各对象中选择部分重点部门、单位、个人和内容进行调查统计。这些重点单位的个数在全部单位（总体）中只占少部分，然而它们的某个或几个数量标志值占总体数量标志值的比重较大。通过对这些为数不多的单位进行调查，就可以从数量方面反映出全部单位在某些标志上的基本情况或基本态势。

就网信动员而言，这些重点对象往往是网信资源潜力的主体，是网信动员的主要对象，如电信运营商、通信设备制造商和各种网络公司等。而各个重点部门、单位或个人和内容，虽然在全部调查统计对象即总体构成中只占少部分，但它们的某个或数个数量标志值占总体标志值的比重却很大。通过对这些为数不多的部门、单位或个人和内容进行调查统计，就可以从数量方面反映出全部调查统计对象在某些标志上的基本情况。如信息网络动员潜力，主要在国家各电信运营商公司、互联网公司和军队军事信息网络等部门；信息物资动员潜力则主要面向信息产品制造商、通信器材仓库等部门；网络安全资源潜力，主要针对高等院校、科研院所、高技术产业等部门进行重点调查。网信资源潜力统计只要对这些特定部门、单位和个人，包括一些特定内容进行调查统计，就能大致掌握总体潜力状况。

（二）重点调查法的使用要求

网信资源潜力调查统计采用重点调查法，调查统计单位相对较少，比进行普查节省资源和时间，可以在短时间内获取较为完整的数据、信息，也利于深入具体地研究问题，将网信资源潜力调查统计向深层开发。网信资源潜力内容多，有些对战争具有决定性影响，有的只是发挥着一般作用；有的数量很多，有的质量高于数量。因此，网信资源潜力调查统计，总体上应采用普查的方法。但对于一些数量多、作用一般的内容，调查统计只需掌握基本情况，而调查统计对象中又存在明显重点单位时，一般可采用重点调查方式。重点调查可以对重点单位按要求的调查统计项目，布置统计报表，定期调查统计，以便进行系统的观察研究，也可以就某个问题专门组织调查统计，以掌握基本情况。但是，由于网信资源潜力调查统计结果影响到国家安全与国防政策，因此，在条件允许、周期较长时，网信资源潜力调查统计通常都应采用普查的方法，以全面、具体、准确地掌握资料。

三、抽样调查法

抽样调查法是一种以随机抽样为基础的调查方法，通过对样本进行调查来获取总体信息。这种方法适用于需要获取代表性信息的情况，如民意调查、市场调查等。

（一）抽样调查法的概念和特点

抽样调查法是按照概率论的原理从所研究对象全部单位（称为总体）

中抽取一部分单位（也称样本）进行调查统计，并用调查统计的数据去推断总体的某些指标的调查统计方法。网信资源潜力抽样调查统计，既是搜集网信资源潜力统计资料的方法，又是对其总体进行科学估计和推断的方法，也称抽样法和抽样推断。抽样调查统计能够以较少的人力、物力、财力及时间，准确地取得统计结果，调查统计也比较灵活，因而是实践中用得非常多的一种调查统计方法。网信资源潜力抽样核查，通常用于上级审查和本级复查等时机。抽样调查和重点调查的区别在于选取单位的方法不同。抽样调查是按照随机原则，从调查总体中抽出一部分单位进行调查；重点调查是在所要调查的总体中选择一部分重点单位进行调查，主观性更强一些。

抽样调查具有三个方面的特点：一是按概率论原理从总体中任意抽选调查统计对象。总体哪个对象被抽选，哪个对象不被抽选，完全是随机的或偶然的。只有遵守随机性原则才能使抽选的部分对象与总体保持相同的结构，或相同的分布状况，同时也才有可能计算抽样误差。这是进行抽样推断的先决条件，也是抽样调查统计法的关键。二是根据所选取的部分对象调查统计得到的实际资料，即用计算的指标数值去推断总体的指标数值。所抽选的部分对象必须有足够的数量，即样本容量要足够大。三是以部分对象（样本）的指标数值去推断总体的指标数值，必然会产生误差。但这种误差的大小可以计算，并能加以控制，把误差控制在一定范围内就能使抽样推断的结果达到一定的可靠程度。这些特点说明抽样调查统计不同于其他非全面调查统计，如重点调查统计、典型调查统计等。这些非全面调查统计并不按随机原则抽选调查统计单位，一般不能推断总体或不能计算推断中产生的误差。

抽样调查的上述特点使其具有广泛的适用范围。一是对某些不可能进行全面调查统计但又需要了解其全面资料时通常可用抽样核查。例如，对库存的通信物资质量、性能的检查，在进行试验或测定时，常常带有损耗性或破坏性，就必须也只能采用抽样调查法。二是有些资源潜力从理论上讲虽然可以进行全面调查统计，但调查统计范围太广、流动性和可变性太大，要掌握全面情况实际上很困难，有时也没必要做全面调查统计，这时也可采用抽样调查法。如对信息数据资源调查统计和信息安全防护资源的统计等，采用抽样调查法就比较适合。三是可以对全面调查统计资料的质量进行检查和修正，补充全面调查统计资料的不足。把全面调查统计资料与抽样核查结合同时进行，可以核对调查统计资料差错，并能以抽样调查统计资料补充全面调查统计资料。在大规模全面调查统计之后（如普查)，常常再进行一定比例的抽样调查统计，验证或修改全面调查统计的资料。

（二）抽样调查法的使用要求

主要应做好抽样方式的选择，在此基础上做好抽样方法的运用。

1. 抽样方式的选择

抽样的组织方式即从总体中抽取样本，通常有如下几类组织方式：

一是简单随机抽样，又称纯随机抽样。按照总体的原有状况，也就是对网信资源潜力总体不做任何处理，即不分组不排队，而是直接从总体全部单位中随机抽选样本单位。随机抽选的具体做法，一般是采用抽签的办法，即先对每个总体单位编号，制成签条或签卡并混合均匀后，从中抽取，抽到的号与编号相对应的那个单位就是样本单位，一直抽到预定的样本单位数为止。这个方法在总体不大时可以使用。

二是分类抽样，又称分层抽样或类型抽样。将总体单位按主要标志先分成不同的类型（或群组)，然后在各类（组）中随机抽取样本单位。分类抽样的优点在于可以利用已掌握的情况，先对调查统计总体进行分类，使每类中各个单位之间的差异程度缩小，从而能使所选样本的代表性有很大提高，达到推断总体时误差减小的目的。

三是等距抽样，又称机械抽样。将网信资源潜力按照某个标志和一定顺序排列，然后按照相等的抽选距离（或间隔）抽取样本单位，所用的抽选距离（或间隔）是根据总体单位数与样本单位数计算。等距抽样简化了抽样手续，实际工作中应用较多。

四是整群抽样。将总体分为若干群（或组)，而后以群为单位进行抽选。对抽选的对象要进行完整全面的调整。整群抽样的优点是抽样的准备工作减少了，抽选单位集中，便于组织调查统计，比较节省人力、物力与财力；缺点是由于抽选样本集中，样本单位分布不够均匀，导致代表性稍差，误差也较大。它适用于在群与群之间差异较小，而群内单位之间差异较大，即包含各种各样单位的情形。

五是多阶段抽样，又称多级抽样。将整个抽样过程分为几个阶段进行，先抽出一些较大的群体单位，再从抽样的大群体中抽取小群体单位，直至最后抽到基层的调查统计单位。相比较而言，前述几种抽样方式称为单级抽样，每一种抽样方式都是只进行一次抽样取得样本进行观察。多阶段抽样常常结合使用各种抽样方式。一般而言，除最后一阶段外，前几阶段的抽样，每一级都是一次整群抽样，最后一阶段则采用等距抽样或简单随机抽样方式。多阶段抽样中，每一级抽样都会产生一定误差，但如果分级起到类似的作用也会减少误差。所以误差大小取决于群与群之间的差异程度和群内各单位的差异程度。多阶段抽样示意图如图 3.2 所示。

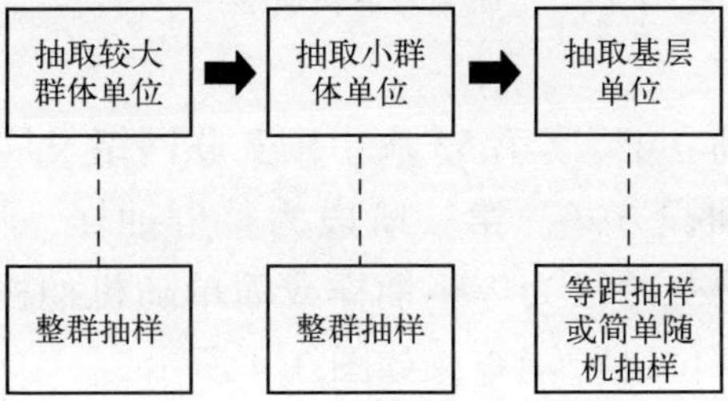

图 3.2　多阶段抽样示意

2. 抽样调查法在网信资源潜力调查实践中的具体运用

以中国互联网络信息中心于 2024 年 3 月发布的《第 53 次中国互联网络发展状况统计报告》为例，在对网民个人进行调查时，综合运用了分类抽样和多阶段抽样方法，来开展调查统计工作。那么，为什么在对中国互联网潜力进行调查时，需采用抽样调查法，而不采取普查、重点调查等方法？这是因为，普查法费时费力，对互联网领域的潜力调查，不可能像人口普查那样倾全国之力，动员数百万人、花费数十亿资金；而采用重点调查法，则局限性太大，比如，东南沿海与西北内陆，广东、上海与青海、西藏，互联网发展水平可能相差巨大，采用重点调查法会产生较大误差。

因此，在调查总体的选择上，《第 53 次中国互联网络发展状况统计报告》在运用抽样调查法对网民个人进行调查时，调查总体选取的是我国有住宅固定电话（家庭电话、宿舍电话）或者手机的 6 周岁及以上居民。子总体 A：被住宅固话覆盖的人群；子总体 B：被手机覆盖的人群；子总体 C：手机和固话共同覆盖的人群，$C=A\cap B$，如图 3.3 所示。

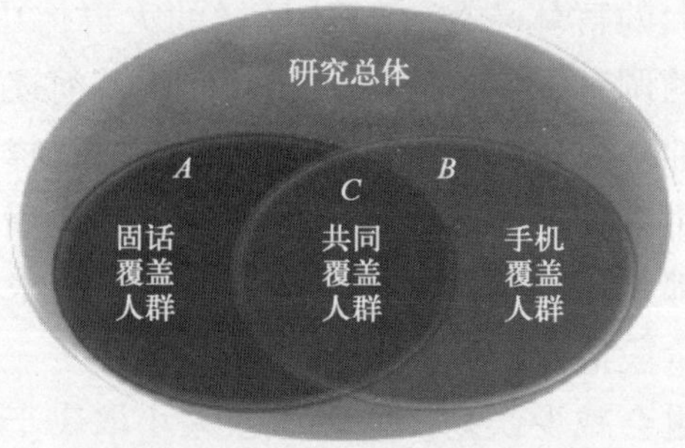

图 3.3 《第 53 次中国互联网络发展状况统计报告》网民个人调查的研究总体构成图

在抽样方式的确立上，《第 53 次中国互联网络发展状况统计报告》采取的是分层二阶段抽样方式。第一阶段为整群抽样，将全国 31 个省级行政单位进行分群；第二阶段为等距抽样或简单随机抽样，抽取省级行政区内各地市州的基层单位进行调查，如图 3.4 所示。

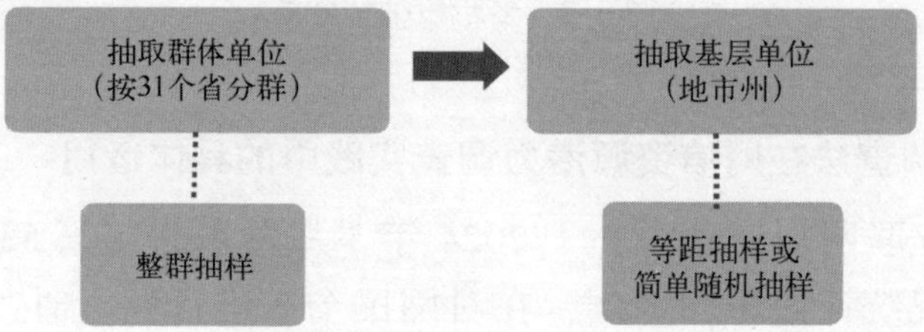

图 3.4 《第 53 次中国互联网络发展状况统计报告》所采取的分层二阶段抽样方式

在分层二阶段抽样方式的具体运用上，《第 53 次中国互联网络发展状况统计报告》首先按 31 个省、直辖市、自治区，将网民个人的调查总体区划分为 31 层。第一阶段，在省内抽样时，各地市州样本量根据该城市固定住宅电话或移动电话覆盖的 6 周岁以上人口数，占全省总覆盖人口数的比例分配；第二阶段，各地市州内抽样，按照抽取局号、生成随机数、构成号码库、拨打随机生成的手机号码进行调查等 4 个步骤进行实施。其中，拨打随机生成的手机号，主要通过计算机辅助电话访问系统（CATI）进行调查，如表 3.1 所列。

表 3.1 《第 53 次中国互联网络发展状况统计报告》
对分层二阶段抽样方式的具体运用情况

分层二阶段抽样	第一阶段（省内抽样）	第二阶段（各地市州内抽样）
按 31 个省、直辖市、自治区划分为 31 层	各地市州样本量根据该城市固定住宅电话或移动电话覆盖的 6 周岁以上人口数，占全省总覆盖人口数的比例分配	以手机为例： 1. 抽取该地市州内的全部手机局号（138XXXX5623）； 2. 生成一定数量的 4 位随机数； 3. 构成号码库（运营商代码+手机局号+4 位随机数）； 4. 拨打这些随机生成的手机号码，进行调查访问

四、电子统计法

电子统计法是信息化条件下，信息技术广泛用于调查统计工作，使统计工作流程电子化后的结果。它包括统计基础数据的采集、统计数据的加工处理、统计数据质量控制、统计初级产品的开发、统计信息产品的发布和统计网信资源管理等统计工作的全过程。

（一）电子统计法的概念和特点

电子统计法，是现代网络环境下，调查机构和调查人员依托计算机网络平台、计算机和系统软件等信息技术设备、手段进行数字化的网信资源潜力采集、登记和统计的方法。电子统计法是信息技术的产物，也是一种当前比较流行的、逐步取代人工作业的高效率的调查统计方法。使用这种方法，企业只需通过一定的软件平台，录入原始凭证数据，就能自动生成相关套表。

统计数据采集可由以统计报表、软磁盘为主转变为以网络传输为主；统计数据处理应用程序由专业各自开发转变为集中统一研制。这种方法可以通过对统计报表数据的标准化集中管理，实行光盘存储，建立电子统计数据档案库，可以不受应用程序改变、硬件更新换代、专业人员变动等因素影响，方便取得统计数据资料，规范管理统计业务档案，也可为建立统计数据库打下良好基础。电子统计法用于经常性的调查统计工作，尤为方便、高效，在网信资源潜力调查统计中结合统计报表制度应用，目前正广泛使用。

（二）电子统计法的使用要求

电子统计法，不同层次的调查机构彼此不见面，有时调查机构和调查人员与调查统计对象之间也不见面，虽易出现数据、信息不实或漏报漏填等现象，但考虑到网信动员对象的特殊性，其技术运用的能力相对较强，很多数据本身就与网络信息相关联。因此，电子统计法较适合网信资源潜力调查。但在具体操作时，潜力调查统计组织和执行机构应组织开展严格的调查统计培训，使各级调查机构和人员与被调查统计对象能严格遵守国防资源潜力调查统计规定，及时、据实填报数据信息，各级调查统计执行机构应做好报表上报和后期服务工作，并加强督促检查和核实。同时，由于电子统计法与网络系统相连，因而还应加强安全保密工作，制定严格的保密措施，安装必要的防病毒程序，严防调查统计的数据信息被人从网上盗窃、上网公布泄露或病毒、黑客攻击造成数据信息丢失等。用于进行国防动员潜力电子统计的计算机平台，应限制于专用局域网络，并由专门人员使用管理。

从实践运用情况看，电子统计法是网信资源潜力调查的重要方法。以《第53次中国互联网络发展状况统计报告》为例，在对全国域名、网站数量进行调查时，主要采取的就是电子调查法。网站数据主要由中国互联网络信息中心（CNNIC）根据域名列表探测得到。“.CN”和“.中国”域名列表从中国互联网络信息中心数据库中获取，通用顶级域名（GTLD）列表从国际相关域名注册局网上获取。

五、报告法

报告法通常采取系统内报和部门汇报两种方式实施。系统内报是指按照专业对口、系统管理的原则，在各系统内，按照正常渠道和隶属关系逐级上报动员潜力数据和信息。部门汇报是指在系统内报的基础上，由各个相关专业系统的主管部门汇总、整理下级上报的数据和信息，形成本部门、本专业动员潜力总的调查统计结果，而后报送相关牵头单位。就网信资源潜力调查而言，应综合采取系统内报和部门汇报两种方式，通过系统内报方式汇总网信资源潜力数据；通过部门汇总方式，经过分析、融合后，形成网信资源潜力调查整体态势。

在报告法的实践运用上，以《第53次中国互联网络发展状况统计报告》为例，在对 IP 地址数和网络国际出口带宽数等进行调查时，主要运用了报告法来开展调查统计工作。IP 地址的国家主管部门工业和信息化部，要求中国 IP 地址分配单位每半年上报一次其拥有的 IP 地址数。为确保 IP 数据准确，中国互联网络信息中心将来自亚太互联网络信息中心（APNIC）的 IP 地址统计数据与各单位上报的 IP 地址数据进行比较、核实，确定最终 IP 地址数。这就是一个运用报告法开展调查的典型事例。

综上所述，普查法、重点调查法、抽样调查法、电子统计法、报告法等五种潜力调查基本方法，各有其特色和优缺点。在网信资源潜力调查实践中，采用较多的通常是抽样调查法、电子统计法和报告法 3 种。5 种潜力调查基本方法要点归纳如表 3.2 所列。

表 3.2　5 种潜力调查基本方法对比

基本方法	基本概念	主要特点	运用要点
普查法	国家或局部潜力状况的全面调查	战略性调查；组织复杂、投入大、时间长	一是规定普查的标准时点；二是普查工作要在规定的范围内同时进行；三是普查前应做好试点工作；四是普查项目应尽可能保持连续性
重点调查法	调查重点对象或重点部门、单位、个人和内容	调查深入具体，对普查的补充、修正、完善，投入低、时间短；重点对象比例小、标志值高	精选对象和内容，布置统计报表，定期统计调查
抽样调查法	抽取部分样本调查，推断总体特征或某方面特征	科学性、时限性、准确性较高，成本相对较低，作普查的补充	优选抽样方法，准确推断特征，科学评估误差
电子统计法	基于网络和软件的数字化潜力采集、登记和统计	方便高效，便于建库集中管理；易受病毒黑客攻击，技术性强	严格统计培训、加强检查核实、采取安防措施
报告法	登记、填写报表，按隶属关系逐级上报统计数据	便于实现定期化、制度化、规范化潜力调查，长期运用	专业多口、逐级上报、系统内报与系统汇报结合

第二节　基于“云平台”的网信资源潜力调查方法

传统的潜力调查方法，在相当程度上还依赖于人工作业、手工统计，已经越来越不适应信息时代潜力调查快速、高效的需求，迫切要求综合运用大数据、云计算等技术，进一步把基于“云”平台的网信资源潜力调查手段方法建设好、使用好，提高网信资源潜力调查的效率。

一、传统潜力调查方法面临的主要挑战

与新的基于智慧云平台的潜力调查方法相比，传统的潜力调查方法已经越来越不适应信息时代潜力资源爆炸式增长的未来趋势，其面临的短板挑战也愈发明显。

（一）手段单一，效率低下

网信资源潜力数据总量庞大、结构复杂，且每天都在不断产生大量新数据，存量和增量都处于变化中，而受制于网信动员体制机制及技术发展，数据采集方式主要靠人工填报，时效性跟不上的问题比较突出。目前的网信资源潜力调查依然主要使用全面的统计报表方式。过多的报表给统计调查的工作人员带来了极大的负担，对于报表的汇总和处理，大多还是人工作业为主、机器为辅的方式，而目前从事网信资源潜力调查的相关工作人员又少之又少，因此，统计效率不高的情况普遍存在。

（二）项目繁杂，瞒报漏报

目前网信资源潜力调查采用人工作业为主的相关方法，调查的信息领域企事业单位非常多，以信息企业调查为例，有规模以上企业调查、规模以下企业调查、能源购进和消费及库存情况调查、大中型企业科技活动调查、高技术产业企业调查等，这些调查内容都是由人工设计，互相之间没有对比印证机制，存在大量的项目重复统计的情况；部分被采集对象出于自身考虑，上报相关数据存在瞒报、漏报甚至不报的情况。

（三）层级繁琐，准确率低

传统的潜力调查较多采用人工统计报表方式，统计结果需要多层传递，由于经过多人多手操作，中间难免出现误差，调查统计结果的真实性和准确性在传递的过程中不断降低。同时，由于层级繁琐，统计调查的周期被大大拉长，很多时敏性较高的数据到统计完已经是过时的状态，准确性大打折扣。很多情况下，由于数据采集人员专业能力不强，网信资源潜力数据的审查、核实无法得到有效保障，只能以未加整理验证的原始数据层层上报，造成汇总之后的潜力数据准确率较低下。

（四）技术落后，利用率低

由于数据分析处理能力较弱，目前，大量的网信资源潜力调查数据到最后还是原始的数据，连汇总处理都很少，更别说纠错容错、深度挖掘和关联分析了；同时，大量孤立的潜力调查数据由于过于零散，检索查询困难，基本被冷置，数据利用率低。从实践工作来看，很多网信资源潜力数据上报后缺乏反馈校验，无从验证潜力数据是否真正发挥实效，难以服务上级决策，久而久之潜力调查工作便成为各单位例行公事的“形式工作”，使得网信资源潜力调查的严肃性、针对性、实用性大打折扣。

二、我国对基于“云平台”的网信资源潜力调查方法实践探索

针对传统潜力调查方法面临的困境和挑战，近年来，我国高度重视基于“云平台”的网信资源潜力调查方法创新，大力推进网信动员“云平台”建设，有力提升了网信资源潜力调查的质量效益。以“GEOVIS+”国防智慧动员平台为例，该平台以国防动员需求为牵引、以“GEOVIS+”战略为指导、以“GEOVIS+”国防为基础、以 GEOVIS 数字地球系列产品为支撑，建成了一个技术先进、功能丰富的“GEOVIS+”国防智慧动员平台。该平台为省军区提供了国防动员的精细化智能服务，打破了省国防动员各行业部门的“信息壁垒”，消除了“信息孤岛”，最大限度推动政府内部和军地数据共享，让网信资源潜力调查插上了“智慧翅膀”。

（一）“GEOVIS+”平台的模块构成

“GEOVIS+”国防智慧动员平台基于 GEOVIS 数字地球产品，采用“数据+平台+应用+服务”的一体化模式，以应战为首、应急为要、瞄准前沿、功能先进、军地一体、优势互补、安全保密、自主可控的建设原则，按照“军地一张网、数据一条链、潜力一个库、态势一幅图、应用一系统、汇集一朵云、支撑一平台、运行一规范”的“八个一”的目标定位，打通军地数据链路，动态掌控网信动员需求，建设动员大数据中心，打造军地网信资源潜力“数据一个库”，有力支持各动员决策指挥，为网信动员战急时提供业务应用，为平时业务开展提供依托平台，推动了“一条链指挥，一条链动员，一个回路落实”的网信动员体系建设，开创“GEOVIS+”网信动员应用新模式，如图 3.5 所示。

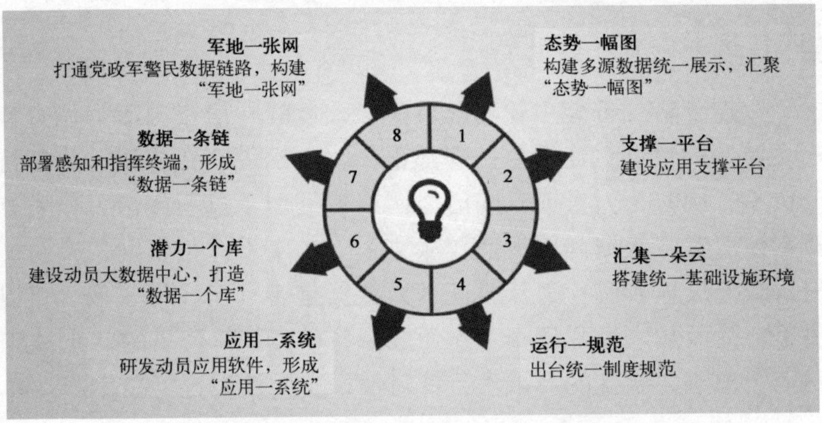

图 3.5 “GEOVIS+”平台的模块构成

（二）“GEOVIS+”平台的潜力数据调查功能

“GEOVIS+”国防智慧动员平台围绕国防动员“潜力全面感知，征召精准实时，协同智能管控”的目标，部署智能采集、智能分析、智能指挥、智能管控、演训考核、国防教育等应用，涵盖政治动员、人武动员、经济动员、人防动员、交通动员、信息动员、科技动员、民政动员、医疗卫生动员等 9 大领域，实现对动员需求、潜力采集、潜力分析、动员计划、动员决策、动员执行、动员复员的全过程管理和指挥控制。在网信资源潜力采集上，能够全面采集网信力量、网信机构、网信装备、网信支撑环境等各领域数据，支撑形成“潜力数据→决策指挥→动员服务”的数据运用环路，如图 3.6 所示。

（三）“GEOVIS+”平台的潜力数据采集方法

“GEOVIS+”国防智慧动员平台面向“潜力采集难、数据保鲜难、信息共享难、决策指挥难、军地协同难”等问题，按照“战时应战，急时应急，平时服务”的功能定位和“军队提需求，国动委搞协调，政府抓落实”的建设定位进行应用设计。充分运用新一代信息技术成果，搭建“动员数据多样化采集、动员态势可视化呈现、动员任务智能化规划、决心建议自动化生成、动员指令一键化下达”的信息化保障方式和手段，集成构建“数据聚合、功能耦合、网系融合、平战结合”的新一代“GEOVIS+”国防动员智能服务系统。

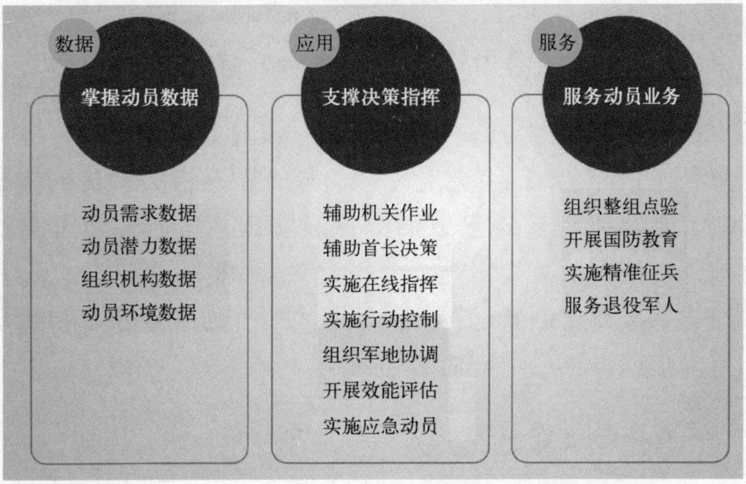

图 3.6　“GEOVIS+”平台的潜力数据调查功能

在潜力数据的具体采集方法上，“GEOVIS+”平台能够采取相关技术手段，全面抓取来自网信力量、网信机构、网信装备、网信支撑环境等各领域的潜力数据，通过数据自动抽取、智能转化、智慧加工、实时导入，形成可供网信动员指挥决策的潜力信息产品，具备网信资源潜力信息产品的元数据字典生成、异构数据海量存储、快速牵引、语义分析、多维建模、时空推演等功能，能够有效支撑网信动员数据存储、查询分析、决策支持、动员应用，如图 3.7 所示。

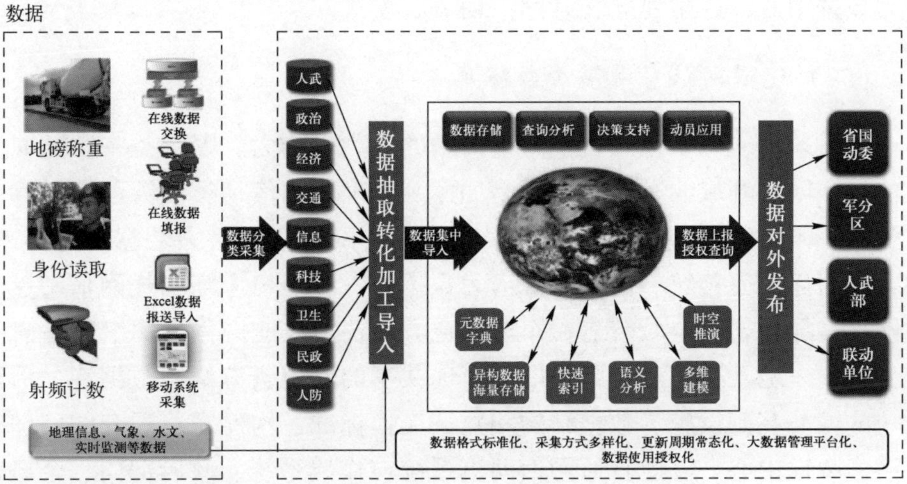

图 3.7　“GEOVIS+”平台的潜力数据采集流程

三、构建网信资源潜力调查“云平台”应把握的问题

为切实把网信资源潜力调查“云平台”设计好、建设好，应当充分借助新兴信息技术，健全完善信息化手段，展开军地潜力动员网络链路、系统平台研制、常态运行模式等方面的探索实践，边研究、边实践、边完善，建好建强网信资源潜力调查“云平台”，不断推动基于“云平台”的网信资源潜力调查方法创新运用，提高潜力调查的统计效率和数据分析处理能力。重点把握以下几个方面的问题。

（一）建好网信资源潜力调查网络通信设施

通过建设网信资源潜力数据核查的信息化手段，同步开展网信动员体系性规划，建立统一兼容的潜力数据标准规范，搭建互联互通的网络通信设施，构筑安全完备的基础数字底座，打造共享共用的综合服务平台，推进专题业务应用的重点建设，逐步形成完备高效的网信资源潜力调查基础设施体系，最终实现潜力统计数字化、需求评估智能化、建设维管融合化、宣传教育移动化、动员实施精准化、训练演练虚拟化、组织指挥高效化、应战应急一体化。具体操作上，可依托网信动员专用网络和政务网络，建立省、市级网信资源潜力调查信息系统，规范潜力资源的目录分类、完善要素指标、明确统计方法、统一计量单位，完善配套的网信动员潜力数据中心，探索建立智慧网信动员新模式。

（二）建强网信资源潜力数据库

通常来讲，一个地区可供动员使用的人力、物力、财力是一个随时变化的量，网信领域的潜力数据更是如此。为确保网信动员决策的实时性和准确性，需要时刻利用信息技术跟踪并更新网信资源潜力数据。近年来，国家层面逐步完善统一网信资源潜力数据库，各地也应当依托网信动员专用网络，加快研发全域覆盖、军地融合、顺畅高效的网信资源潜力信息系统，构建军地互通信息平台，以及军地共享的网信资源潜力数据库，形成统一的网络基础设施、数据结构和数据交换标准，构建完善配套的网信动员潜力数据中心，以此打通网信动员系统与作战系统、政府部门、企事业单位之间的数据链路，及时更新完善各项网信资源潜力数据，将网信动员

所需数据像重要战略物资一样“储备”好、管理好，为科学利用网信资源潜力数据资料打下坚实基础。

（三）强化网信资源潜力调查“云平台”的数据共享

近年来，军地各级根据网信动员工作需要，先后研发了网信动员潜力信息管理系统，但因缺乏统一标准与接口，各信息平台的兼容性和联通性还不是很强，导致网信资源潜力数据更新迟缓、潜力调查内容体系不健全，潜力统计数据准确性、完整性、可信度不高的问题还比较突出。同时，军地信息壁垒尚未彻底消除，没有建立科学合理的网信资源潜力指标体系，加之网信资源潜力调查涵盖范围较宽，概念性、条目性的内容比较多，地方政府工作人员对部队作战需求定位不准，部队对地方提供的潜力数据又用不上，造成资源浪费。因此，为提高网信资源潜力数据利用率，应当借助“互联网+”、大数据、云计算等信息技术，研究构建军地兼容的网信动员潜力指标体系，以军事需求为牵引，用军地通用的术语将统计目标的单位、数量、类型等特征属性统一起来，切实强化网信资源潜力调查“云平台”的数据共享，保证各信息平台、各要素之间有效互联互通互操作，从而确保既能满足部队使用需要，又便于地方统计执行，实现军地有效衔接。

（四）注重网信资源潜力数据资产应用

网信资源潜力数据归根结底是要拿来用的，是要支撑动员决策的。应当以网信动员潜力数据应用为创新点，提升网信动员支前援战能力。网信资源潜力数据作为网信动员主管机构的新型数字化资产，要避免让网信资源潜力数据在存储介质中“睡大觉”，让数据动起来、将数据用起来才是开展网信资源潜力调查统计的最终目的。应当以网信资源潜力数据的深度应用为创新点，实现网信动员计划预案数字化、网信动员需求评估分析、网信动员潜力核实匹配、网信动员任务智能分解、网信动员方案模拟推演等专题业务场景，与军事作战的实际需求紧密结合起来。与此同时，应严格遵守信息安全管理相关规范要求，按照数据分级分类管理的原则，划定接触数据人员范围、限定人员操作权限、确定数据使用流程，让网信资源潜力数据用起来安心、放心。

第四章　网信资源潜力调查准备与实施

网信资源潜力调查包括数据信息搜集与处理、统计资料分析与评估、成果的开发运用、管理与维修等许多工作环节和活动内容，是一个极为复杂的系统工程。根据调查统计工作的组成实施程序划分，主要包括网信资源潜力调查准备、网信资源潜力调查实施、网信资源潜力调查总结三个大阶段。在每个阶段中，国防资源潜力调查又分别有许多具体的工作事项和活动。应当把网信资源潜力调查的各环节要点设计好、统筹好。

第一节　网信资源潜力调查准备

网信资源潜力调查准备，是开展网信资源潜力调查工作的基础性工程。准备工作做得好不好，直接关系网信资源潜力调查的成效。做好网信资源潜力调查准备工作，主要应包括传达任务、组建机构、制定计划方案、部署工作任务等九个环节的潜力调查准备工作。

一、传达任务、统一思想

接到上级命令或指示，地方军事机关和国防动员委员会办事机构应及时向当地党委、政府领导报告；此外，还应向网信领域相关职能机构、统计机构等单位领导及时通报潜力调查任务来源要求等，及时沟通信息。具体包括三个方面：首先，领会精神，统一思想，确定领导机构组成与人员分工，对调查工作做出通盘考虑和安排；其次，搜集、准备往年调查统计资料、上级有关文件指示、平时调查统计概况等，供领导查阅和参考使用；最后，选择办公地点，准备相关的办公设施、设备、工具和用品等，特别是要同步筹划好基于信息化手段和云平台开展潜力调查工作的相关准备，通信网络、通信设备设施、数据库等支撑条件应当提前筹划、提前建设。

在传达任务、统一思想过程中，各级应进一步深化责任意识。网信资源潜力调查统计不是军事部门一家单打独斗就能完成的，必须要积极调动政府部门参与工作，借助地方党委政府之力，这样，潜力调查工作才有保障，落实起来才更顺畅。要积极协调把网信资源潜力调查工作纳进政府工作计划，作为政府工作一项任务进行部署，继续将党管武装、网信动员和后备力量建设等内容纳入党委管理的领导班子和领导干部目标责任考核内容，把网信资源潜力调查作为一项重要指标纳入其中，由军地联合参与考核。逐步提高地方各级各部门的重视程度，进一步推进潜力调查工作协调落实。

二、组建机构、明确职责

在此阶段，主要应组建网信资源潜力调查相关机构，明确各级调查职责、工作程序，完善相关运行机制和潜力调查保障体系。

（一）组建机构和明确职责的要求

网信资源潜力调查是一项依法开展的国防活动，是一种国防行为，必须以政府为主，军地共同参与。一是要有政府主管领导牵头，成立网信资源潜力调查领导与执行机构，并根据调查统计范围、对象、内容和方法的要求，确定相关职能机构和部门作为成员单位；二是要明确职责分工，军队单位、地方政府、网信动员相关机构的分工、职责要详细拉单列表，确保职责界面清晰，不扯皮推诿；三是要保持结构优化。网信资源潜力调查机构设置要合理，相关人员组成要形成梯队配置。

（二）组建机构，明确职责

根据前面阐述的内容，网信资源潜力调查，其组织实施通常应组建领导—组织—执行三大机构，分别各司其职。

1. 建立网信资源潜力调查领导机构

网信资源潜力调查领导机构，主要是各级国防动员委员会。应当在国家国防动员委员会的领导下，负责网信资源潜力调查的组织协调；组织拟制网信资源潜力调查实施方案；牵头制定统计调查项目内容；指导网信资源潜力数据采集，组织汇总核实；研究分析网信动员支前能力。

2. 建立网信资源潜力调查组织机构

网信资源潜力调查组织机构，主要是各级国防动员委员会下设的国防动员委员会办事机构。各省（市）国防动员委员会办事机构，是网信资源潜力调查工作的责任部门，主要负责本省（市）内网信资源潜力调查统计的组织协调；开展本省（市）网信动员相关数据采集、汇总、核实与分析；参与网信资源潜力调查项目研究制定，提出改进需求；组织本省（市）网信资源潜力采集汇总和核实上报；组织本省（市）网信动员能力分析。

设立市（县、区）国防动员委员会办事机构的省（市），根据行政区域划分，由本级国防动员委员会办事机构组织本辖区内相关企事业单位以及分公司的数据采集，并汇总上报至各省（市）国防动员委员会办事机构。

3. 建立网信资源潜力调查执行机构

网信资源潜力调查执行机构，主要是各级统计机构、网信领域相关的各级政府部门和相关企事业单位。

全国人大常委会于2010年2月26日通过的《国防动员法》第十九条规定：县级以上人民政府统计机构和有关部门应当根据国防动员的需要，准确及时地向本级国防动员委员会的办事机构提供有关统计资料。这应当是确立网信资源潜力调查执行机构的基本依据。

据此，网信资源潜力调查工作涉及的各级地方政府信息化、通信、无线电管理、邮政、广电等相关部门，各类通信运营、信息服务企事业单位、科研院所、信息设备厂商以及相关个人，都应当属于网信资源潜力调查执行机构，应当在网信资源潜力调查领导机构和执行机构，亦即各级国防动员委员会及其办事机构领导下，有序开展网信资源潜力调查工作，并按照法律要求及时准确提供有关信息资料，不得以任何理由拒绝、拖延提供或者提供虚假信息资料。未设立市（县、区）国防动员委员会办事机构的省（市），由省（市）相关企事业单位组织下属机构或分公司的数据采集，并汇总上报各省（市）国防动员委员会办事机构。

根据上述法律条文的规定，网信资源潜力调查的“领导机构—组织机构—执行机构”3级机构组成如表4.1所列。

表 4.1　网信资源潜力调查机构组成表

<table>
<tr><th>相关法律</th><th>领导机构</th><th>组织机构</th><th>执行机构</th></tr>
<tr><td rowspan="3">《国防动员法》</td><td rowspan="3">各级国防动员委员会</td><td rowspan="2">各级国防动员委员会办事机构</td><td>县级以上各级人民政府统计机构和有关部门</td></tr>
<tr><td>各级地方政府信息化、通信、无线电管理、邮政、广电等相关部门，各类通信运营、信息服务企事业单位、科研院所、信息设备厂商</td></tr>
<tr><td colspan="2">省（市）相关企事业单位及下属机构或分公司（未设置国防动员委员会办事机构的情形）</td></tr>
</table>

（三）关于规范完善潜力调查领导体制和运行机制问题

在网信资源潜力调查平时准备过程中，一是应进一步规范领导体制。保留现行国防动员委员会组织协调的领导体制，同时把网信资源潜力调查纳入政府职责，成立以国防动员委员会主任挂帅、各级政府为主体，信息化、通信、无线电管理、邮政、广电等相关部门的职能部门负责人，地方军事机关业务部门负责人，以及部分“条”管单位、跨地区行业管理人员组成的网信资源潜力调查领导小组，形成“政府主导、国动委协调、各行业配合”的领导机制，全面领导和指导潜力调查的组织实施。二是应进一步健全调查机构。由各级国防动员委员会办事机构牵头，建立以政府统计部门为主体，国防动员委员会相关成员单位、有调查任务的行业系统和企事业单位等组成的军地联合潜力调查机构，明确各单位的权限范围、责任边界，解决谁牵头主抓、谁协调配合等问题，优化“军事机关提需求、政府部门抓落实、社会行业各负其责”的工作机制，完善保障机制。三是应充实潜力调查专项保障经费，列入地方财政预算，并根据年度财政增长比例逐年递增，确保调查统计“兵马”与“粮草”协调共进。

（四）构建综合保障体系，确保工作运行安全高效

目前，网信资源潜力调查的保障体系尚不健全，一定程度上制约了发展创新，影响了完成质量。因此在网信资源潜力调查平时准备过程中，应进一步完善潜力调查的综合保障体系。应当加强潜力调查顶层筹划，构建顺畅工作机制。在省市开展网信资源潜力调查中，经常涉及通信网络、无

线电台、微波传输站点等国家战略资源数据信息，因其密级程度较高，大多由国家部委直属单位、国有企事业单位掌握，省市协调难度较大，工作层面的长效机制也难以建立。对此，在建立高效组织机构的基础上，应当由国家国防动员委员会联合国家有关部委局，统筹领导潜力调查工作，分行业自上而下统一部署、区分职能按级分工，国家、省市分别负责采集各自掌握的数据信息，并及时建立常态联系制度，加强沟通协调，加强上下级的数据共享和统一，行业部门积极予以支持配合，形成“政府部门主抓、军事机关协抓、有关部门合抓”的潜力调查格局，不断提高潜力数据的真实性、准确性和有效性。

（五）明确需求提报的流程方式

新体制下，军地网信资源潜力调查的需求提报成为需要关注的重点问题。对此，在网信资源潜力调查需求提报过程中，可具体划分为需求提出、评估、协商、批准四个阶段：一是在提出阶段，军队和政府职能部门等主要需求方，根据作战行动、维护社会稳定和消除对战争灾害等活动对各类资源需要量的预测，分别提出对网信资源潜力调查的需求；二是在评估阶段，由权威性机构（如科学技术评价中心）会同国防动员委员会办事机构，根据实际需要，对各方面所提网信资源潜力调查需求的合理性进行评估，并提出自己的意见；三是在协商阶段，潜力调查需求提出部门与网信动员职能部门，在权威性机构、国防动员委员会职能部门的主持下，针对需求信息与能够提供的供给信息进行协商，并根据协商的结果制定一种或多种网信资源潜力调查需求预案并报批；四是在批准阶段，在批准前，一般要将网信资源潜力调查需求预案涉及的内容，向有关机构进行咨询并征求有关各方的意见，在得到满意答案后批准生效。

三、整理资料、制定计划与方案

网信资源潜力调查的领导、组织和执行机构组建以后，应立即投入运转。相关工作人员应迅速整理资料，制定相关计划与方案。

（一）整理资料

首先，应着手搜集、整理往年网信资源潜力调查的有关资料，以及相关登记、统计有本区域网信资源潜力的资料，以便适时地提供给网信资源潜力调查组织机构使用。其次，根据提供的往年资料，预先对调查统计工作进行初步筹划准备，概略地对区域内的网信资源潜力进行分类、细化，并制成相应的网信资源潜力调查登记、统计报表，有条件的还应制作计算机数据处理应用软件，以供调查记录之需。最后，应分别准备必要的业务工作资料，供人员培训使用，以便综合调查统计时间，提高调查效率，确保数据及其登记的准确性。

（二）制定计划、方案与工作细则

国防动员委员会办事机构成员应根据领导指示，及时拟制并下发网信资源潜力调查通知；拟制各类潜力调查计划、潜力调查方案和潜力调查工作细则。

1. 制定潜力调查计划

（1）网信资源潜力调查计划拟制。

网信资源潜力调查计划应当由各级国防动员委员会办事机构负责拟制，是对网信资源潜力调查统计的统一安排和筹划。其目的是要查清网信资源潜力情况，主要包括信息科研单位、信息科研人才、网信产业、信息设备、信息成果以及信息防护能力等方面的情况，重点应查清具有自主知识产权的网信资源潜力以及保障措施等。

国防动员委员会办事机构应制定的调查统计计划通常包括动员潜力调查综合计划、工作日程安排计划、组织计划、实施计划和总结计划等。其中，网信资源潜力调查综合计划的主要内容包括：网信资源潜力调查的指导方针和原则；潜力调查任务的区分；潜力调查的范围、内容、程序、完成调查的时限以及保障措施等。

网信资源潜力调查计划拟制的程序通常包括确立潜力调查内容、明确潜力调查方法、完善其他计划要素、形成草案并开展协调、形成计划终稿并报批等。特别需要指出的是，在形成草案并开展协调过程中，各级网信资源潜力调查机构应指定专人或成立专门小组拟制潜力调查计划；同时，应做好两个沟通协调：一是和上级对口业务机关及时沟通和协调；二是对本级国防动员委员会其他部门以及本级党委、政府有关职能部门之间的沟通协调。在形成计划终稿并报批阶段，网信资源潜力调查计划，作为各专项计划中的一种，应报本级国防动员委员会批准，并报本级国防动员委员会办事机构、上级业务指导部门备案。

(2) 网信资源潜力调查计划的主要内容及形式。

网信资源潜力调查计划，按照其表现形式的不同可以分为三种：

一是文字记述式计划。该类计划主要由引言、调查事由、步骤和措施组成。其中，引言部分简要说明网信资源潜力调查的基本情况和指导思想；调查事由主要明确“调查哪些内容”“调查到什么样的程度”以及完成任务的具体时限等；步骤和措施主要进行阶段划分、规划每阶段的主要工作以及各项保障措施、要求等。

二是图表式计划。通常用表格的形式，将整个潜力调查的阶段划分、完成时限、调查单位、调查责任人、调查内容、调查要求等逐一细化。以某市网信资源潜力调查计划表为例，该表区分网信资源潜力调查准备、组织实施、总结3个阶段，按照网信资源潜力调查的5类调查内容，明确了潜力调查重点、牵头机构、协助单位、潜力调查保障、完成时限等事项，具体如表4.2所列。

表 4.2　某市网信资源潜力调查计划表

<table>
<tr><th rowspan="2"></th><th colspan="2">潜力调查内容</th><th rowspan="2">各县区潜力调查重点</th><th rowspan="2">牵头机构</th><th rowspan="2">协助单位</th><th rowspan="2">潜力调查保障</th><th rowspan="2">完成时限</th><th rowspan="2">相关要求</th></tr>
<tr><th>一级目录</th><th>二级目录</th></tr>
<tr><td rowspan="5">阶段划分</td><td>信息网络资源</td><td></td><td></td><td></td><td></td><td></td><td></td><td></td></tr>
<tr><td>信息数据资源</td><td></td><td></td><td></td><td></td><td></td><td></td><td></td></tr>
<tr><td>信息力量资源</td><td></td><td></td><td></td><td></td><td></td><td></td><td></td></tr>
<tr><td>网络安全资源</td><td></td><td></td><td></td><td></td><td></td><td></td><td></td></tr>
<tr><td>电磁频谱资源</td><td></td><td></td><td></td><td></td><td></td><td></td><td></td></tr>
<tr><td>实施阶段</td><td></td><td></td><td></td><td></td><td></td><td></td><td></td><td></td></tr>
<tr><td>总结阶段</td><td></td><td></td><td></td><td></td><td></td><td></td><td></td><td></td></tr>
</table>

三是文字和图表结合式计划。即上述两种方式的结合方式，文字部分说明总体安排，表格部分具体细化。它承载了文字记述式和图表式两种方式的优点，因而也广泛被各级潜力调查部门所使用。

2. 制定潜力调查方案

网信资源潜力调查方案，主要包括：调查统计指导思想，调查统计范围、对象和内容，调查统计时间与阶段区分，调查统计行动步骤和方法，调查统计组织领导等。有时，调查统计方案中也可明确有关保障内容。

网信资源潜力调查方案通常包括基本方案和保障方案两类。

一是基本方案，是对网信资源潜力调查活动的总体计划与安排。通常由网信资源潜力调查组织机构制定，并报本级国防动员委员会审批。

二是保障方案，是对网信资源潜力调查过程中的经费、物资、场地等所做的计划与安排，是专项方案的一种。通常应由各级国防动员委员会办事机构会同相关成员单位共同制定。

3. 制定工作细则

在网信资源潜力调查准备阶段，通常需要制定的工作细则主要有各类调查统计机构工作职责、调查统计人员选调与培训细则、调查统计范围划分细则、地址编码工作细则、登记统计细则、登记统计表册和数据盘管理细则、数据处理细则、数据汇总细则、质量控制和验收工作细则、事后质量抽查工作细则等。

在制定网信资源潜力调查工作细则时，要特别明确潜力调查的三项制度机制：一是目录增补机制。新模式下潜力数据主要依托行业登记统计系统抽取或转换，但当前行业登记统计内容仅占国家统计用产品目录的少部分，很多潜力数据无法获取，应建立"在行业登记统计系统中增补潜力目录机制"，并设定目录增补周期，确保潜力目录可及时增补到行业统计系统中。二是数据共享机制。明确地方行业现有统计登记系统应为网信资源潜力调查提供数据转换条件、开放数据转化接口，为实现行业数据向潜力数据的自动转化提供条件，实现行业统计数据军地共享。三是奖惩机制。重点明确对在网信资源潜力调查中成绩显著的单位和个人，实施表彰奖励的方式方法，明确奖励实施主体、具体标准；细化对违反潜力调查工作相关规定的单位和个人实施惩处的具体措施、具体权限、具体程序和具体标准，对谁提报、向谁报、处罚谁、谁处罚、怎么处罚等做出规定。

四、部署工作任务

网信资源潜力调查各机构组建、各项调查计划和方案制作完毕以后，网信资源潜力调查领导机构应适时组织召开会议，明确网信资源潜力调查任务，全面部署网信资源潜力调查工作。参加会议的人员应包括领导机构和组织机构的全体成员、动员潜力调查最高执行机构的成员和有关单位的负责同志及有关工作人员等。会议的内容包括：学习上级有关指示精神，统一思想认识；进行动员潜力调查动员，明确责任；宣布潜力调查机构组成和职责、潜力调查综合计划和方案，部署潜力调查工作，区分调查统计任务；明确统计的有关保障事项与要求等。明确任务应具体到各级机构与相关人员，任务区分要清楚、科学，保障要周密、合理，要求要全面、客观。通过会议明确任务，部署工作，使各级机构与工作人员都能认清意义，掌握任务和责任。

在部署网信资源潜力调查工作时，应注重加强整体统筹，形成军地协力的工作局面。应坚持党委总体筹划、国防动员委员会统一组织、军地分工协作，形成各方合心合力、共促工作落实的良好格局。一是抓统一思想。每次开展网信资源潜力调查，都应及时召开军地联席会议，传达上级指示，明确工作要求，压实调查责任。应广泛宣传造势，以各级领导干部、调查统计人员、调查统计对象为重点，扎实做好潜力调查法规宣传，增强依法开展调查、履行国防义务的意识。二是抓组织领导。在部署网信资源潜力调查任务时，应针对潜力调查统计范围大、涉及对象多的实际，采取“纵横结合、分工协作、分级负责”的办法，省级国防动员委员会负责组织协调、汇总审核，横向抓本级国防动员委员会办事机构，纵向抓各地市国防动员委员会；市县两级国防动员委员会负责组织本行政区域内的网信资源潜力采集汇总，省直有关部门、行业管理机构搞好本系统本行业的网信资源潜力采集，协调指导下级对口部门配合属地国防动员委员会开展潜力统计，形成“三横多纵”的潜力调查格局。三是抓任务区分。省级国防动员委员会应充分发挥“谋划指导、协调保障、排忧解难”的职责作用，组织召开专题部署会，搞好任务分解，制定实施方案；下发《网信资源潜力调查通知》，将调查统计内容分解细化到单位、落实到人头，谁调查、谁签字、谁负责，有效调动各级的工作积极性。

五、筹集经费物资

经费物资是开展网信资源潜力调查工作的重要支撑。应当按照提前筹划、预有准备、精打细算、厉行节约的原则，做好网信资源潜力调查经费物资的筹集工作。

（一）网信资源潜力调查经费

网信资源潜力调查的经费筹集，重点应做好以下三点：

1. 编制经费预算坚持实事求是，列清项目

网信资源潜力调查经费主要包括但不限于以下 10 项内容：印刷费、试点费、培训费、资料运输保管费、公务费、会议费、宣传费、数据处理费、补助费、其他。例如会议费，是指各级组织召开网信资源潜力调查相关任务部署、工作协调、现场办公、专家评审等相关会议的费用。这些经费应专款专用，不得挪作他用，更不得虚报冒领。

2. 军地协调，灵活争取网信资源潜力调查经费

网信资源潜力调查经费的筹措渠道上，可采取配合共同争取、军地双方联手争取、抓准时机反复争取、拓宽渠道分头争取、分流多方向筹集等方式进行筹集。网信资源潜力调查工作所需经费，通常可按照区域化保障的原则，部队方面应列入年度信息化工作专项经费，地方应纳入本级国防动员保障经费和本地财政预算解决；相关经费应当专款专用、厉行节约，主要用于潜力调查人员培训、数据集中审核、工作突出人员奖励以及统计调查软件维护升级等开支，自觉接受有关部门监督检查。

3. 专款专用，加强调查统计经费使用管理力度

在网信资源潜力调查经费的使用上，一是要严格财政纪律，建立财务管理制度，做到专款专用；二是要按网信资源潜力调查进度制定用款计划；三是要本着精打细算的原则，把有限资金用在刀刃上。

（二）网信资源潜力调查物资

网信资源潜力调查的物资筹集，重点应做好以下三点：

1. 物资种类

应当把网信资源潜力调查的物资准备做实做细。通常，网信资源潜力调查物资包括表格类、工具类、设备类、包装类、证件类、宣传类、教材类、其他类等。

2. 筹备方式

对于技术要求高、物资用量多的登记表、各类手册、宣传画、登记统计软件等重要物资可由省级行政区统一制作，其余物资根据工作进度和需要，由市、县联合补充制作。

3. 物资管理

对于网信资源潜力调查物资管理，主要应遵循以下四点原则：一是对于上级物资接收与分发，本级物品的设计、制作、数量质量验收和分发，应确定专人管理，明确工作责任；二是各类物资分发应留有余地，以便机动处理特殊情况；三是各类物资运送、储藏必须注意防火、防盗、防虫、防潮、防失泄密，必须及时运送到工作一线；四是网信资源潜力调查表必须逐级回收，交接清楚，签字负责，对不用的资料要及时销毁。

六、组织骨干培训

网信资源潜力调查工作对政治素质和业务素质要求非常高，特别是对一些相似动员潜力的界定需要有过硬的军事、经济、政治和文化素养作保障，对统计方法规定的每一项也都有严格的要求。因此，为了确保质量，预先必须精心选调网信资源潜力调查人员，并对调查统计组织人员和执行人员进行必要的专业培训。

（一）培训对象

网信资源潜力调查培训对象是所有网信资源潜力调查统计的骨干，主要包括负有调查统计任务的网信动员组织机构成员、对口部门的领导和参与调查统计的部门成员、担任具体调查统计工作的调查统计员等。

（二）培训方式方法

通常采用由上而下的方式，采取集中培训、分类培训和跟踪培训相结合的形式进行。培训以面授为主，同时辅之以录像等媒体手段。培训在系统展开之前通常还应适时组织试点调查研究的方式进行。在潜力调查培训方式方法的创新上，应当着重探索“突出向末端延伸、向新领域拓展，探索形成成员单位集中训、行业领域对口训、末端机构普及训”等培训机制。此外，还可采取设立热线电话、提供上门服务等方法，大力加强调查人员队伍建设，培养一批网信资源潜力调查“明白人”和“引路人”。

（三）培训内容

网信资源潜力调查培训的内容主要包括：学习上级有关精神和文件、指示，提高国防意识和工作认识；熟悉和掌握本职任务，了解在各个阶段工作的时限、内容、要求和方法；明确每人的职责与分工；统一调查统计的方法与标准，特别是表、卡、册、图等填写的业务规定和装订方法等。

（四）培训要求

网信资源潜力调查培训应预先制定培训试点计划，准备好培训手册，选调好培训教员。重点抓好四个环节：一是讲课环节要突出讲清听明；二是试点环节要突出亲手操作；三是考试环节要突出严格把关；四是组织环节要突出落实时间。

七、组织试点工作

试点是网信资源潜力调查工作非常重要的环节，是准备工作必不可少的工作步骤。

（一）试点规模

1. 小规模试点

初步方案制定过程中的试点，一般在少量的基层单位进行。可重点遴选某一地方军事机关或军分区进行试点，在总结经验的基础上再进行推广。

2. 大规模试点

初步方案基本确定后，一般都需要进行大规模的试点，或称为网信资源潜力调查实战的预演。

（二）试点类型

按调查统计内容和对象，通常分为综合试点和专项试点（补充试点）

两类。按试点内容，通常分为方案设计工作试点、组织实施工作试点和数据处理工作试点。对于网信资源潜力调查试点来说，应属于网信领域的专项试点。

（三）试点工作重点

应当针对网信资源潜力调查指标体系构建、法规标准建设、方法手段建设、机制流程建设等方面开展创新性探索。

1. 健全法规抓规范

依据《中华人民共和国国防动员法》等法律法规，研究制定网信资源潜力调查实施办法，突出“五个规范”推进试点工作。一是规范调查内容，突出作战急需、军民共用，将网信基础设施、信道资源、物资器材、人力资源、技术成果等纳入潜力调查范畴，将掌握动员潜力、评估动员能力作为潜力调查目标，进一步统一思想认识、把住工作导向。二是规范组织领导，确立国防动员委员会办事机构的业务指导关系、各省（市）国防动员委员会办事机构的责任主体地位，明确各级地方政府信息化、通信、无线电管理、邮政、广电等职能部门，以及各类通信运营、信息服务、科研院所、信息设备企业的协作配合要求，细化各级权责推动工作落实。三是规范方法程序，探索形成“自上而下统一部署、区分领域逐项调查，自下而上逐级汇总、分层分类核准数据”的组织方法，梳理细化网信资源潜力调查研究筹划、完善准备、数据采集、汇总审核、评估分析“五个步骤”的具体内容。四是规范保密要求，强化敌特观念，明确网信动员数据管理要求，细化数据管理、审阅、使用和移交等程序方法，有效杜绝失、泄密现象，确保数据信息安全。五是规范经费渠道，按照区域化保障原则，军方列入年度信息化工作专项经费，地方纳入本级国防动员保障经费和本地财政预算统筹解决，为潜力调查试点开展提供有力保障。

2. 摁住关节建机制

针对潜力调查试点时间紧、范围广、任务重的客观实际，强化过程管控“四个重点”，建立高效运行机制，有序推进潜力调查。一是广泛宣传教育，充分利用会议、集训、文件等多种形式，层层动员，使各级领导和一线骨干充分认清潜力调查的重要性，坚强组织领导、摆上议事日程、落实人员责任，健全情况通报、军地会商等机制，确保潜力调查工作环环相扣、持续深入。二是周密组织培训，突出向末端延伸、向新领域拓展，探索形成成员单位集中训、行业领域对口训、末端机构普及训等机制，采取设立热线电话、提供上门服务等方法，大力加强各省（市）调查人员队伍建设，培养一批“明白人”和“引路人”。三是多方采集数据，按照“区域采集为主、行业采集为辅，发挥职能作用、积极拓宽渠道”的原则，针对隶属中央或总公司所在地不在本级范围内的通信运营、信息服务、科研院所等企事业单位，明确由各省（市）国防动员委员会办事机构按区域划分负责数据采集汇总。针对信息安全、信息技术等新领域，各省（市）国防动员委员会办事机构牵头、地方军事机关积极配合，主动靠前协调地方主管部门，及时固化联络协调机制，军地形成合力稳步推进数据采集。四是严格核实核准，牢固树立数据标准意识，灵活采取逐级审核、交叉复核、联合审查等方式方法，逐项、逐个单位地组织数据核查，对数据填报不准确的单位责令限期返工，确保调查数据真实可用。

八、组织宣传动员

网信资源潜力调查是网信领域军地一体深度发展的重要表现形式，是部队为主提需求、国防动员委员会牵头搞协调、政府统筹抓落实的一项军地一体工程，必须广泛发动、广泛宣传，确保这项工作扎实开展。

（一）宣传对象

网信资源潜力调查宣传的对象主要有各级领导、调查统计人员、调查统计对象和社会公众四个层次。应区分不同的宣传对象，有针对性地确定宣传内容、宣传方式、宣传手段，确保网信资源潜力调查工作深入人心。

（二）宣传形式

网信资源潜力调查宣传，应当注重传统宣传形式与现代宣传手段并重，结合实际不断创新宣传方式。

1. 传统宣传形式

传统宣传形式主要包括发文、开会、标语（横幅、条标、墙标、岩标）、简报、板报、墙报、公开信、宣传画、宣传车、街头咨询、倒计时牌、证件、督查证、指导员证、网信资源潜力调查统计员证、标志、用品(笔记本、笔、手提袋)、文艺演出等。

2. 现代宣传手段

现代宣传手段主要包括电视讲话、电视采访、电视字幕、电视报道(会议稿件、新闻)、电视晚会、广播讲话、录音宣传、广播专栏、报刊公告、署名文章、网信资源潜力调查新闻、网信资源潜力调查政策、电话咨询、知识问答、网络传播以及新闻发布会、网信资源潜力调查统计公报、数据提要等。应充分利用会议、集训、文件等多种形式，层层动员；健全情况通报、军地会商等机制，确保潜力调查工作环环相扣、持续深入。

(三) 宣传要求

在网信资源潜力调查宣传过程中，应体现“整体性、全面性、广泛性”的特征，且围绕网信资源潜力调查业务贯穿整个网信资源潜力调查过程始终。

九、全程督察促办

在网信资源潜力调查准备工作阶段，各级政府和同级军事机关领导应利用各种机会宣传、检查、督促各项准备工作落实情况，特别是网信资源潜力调查机构、人员、经费、责任的到位情况，各级有关部门领导应经常检查本单位、本系统的网信资源潜力调查有关政策执行和工作配合情况，各级网信资源潜力调查机构应采取专题汇报、实地检查等有效措施，加强综合督察促办工作。

为切实抓好网信资源潜力调查准备的督察督办，各级要进一步提升督察督办工作落实质量。要依据现有政策，立足现有条件，利用现有手段，扎扎实实抓好潜力调查准备的督察督办工作，防止和克服不作为、消极应付的问题。在督察督办过程中，应积极研究加强网信资源潜力调查工作的对策措施，对全年的网信资源潜力调查工作进行全面筹划部署，建立按季度开展网信资源潜力定期核查更新核对的制度，进一步加强与政府统计部门和行业主管部门联系，适时跟踪潜力数据的变化情况，加强对人员、物资、装备等主要动员潜力的实时掌握，提高网信资源潜力数据质量，以便及时应对上级各类核查任务，为上级决策部署提供及时、准确、可靠的潜力数据。

第二节　网信资源潜力调查实施

网信资源潜力调查实施，是开展网信资源潜力调查工作的主体阶段，通常应当包括选择调查方法、划分调查范围、采集数据等九个环节工作。

一、选择正确的调查方法

网信资源潜力调查的方法很多，省级以上国防动员委员会办事机构应预先根据网信资源潜力调查对象和内容，规定调查统计方法可用种类、适用范围与运用条件。一线调查机构和调查统计人员应根据上级的规定、调查统计对象的性质和实情、调查统计的内容等情况，灵活选用可靠的调查统计方法，确保调查统计快速高效、数据信息可靠。把握的原则是减少工作量，节省人力、物力和财力。

在网信资源潜力调查的组织方式上，有个体独立统计和群体互助统计；从统计方式上，有分工统计和全面统计；从力量使用上，有人工统计和计算机自动统计等；从使用媒质上，有表册统计和数据库统计等。各级网信资源潜力调查机构在统计汇总数据时，应根据自身的条件和能力，灵活选择统计方法。如从统计部门采集的数据一般可采用计算机统计方法，面访调查采集的数据则通常应采用表册统计。

关于调查手段方法创新问题，如前所述，网信资源潜力调查是在网信领域开展的专项潜力调查活动，理应比其他领域的潜力调查更加注重信息化手段和信息技术的应用，运用大数据、云计算等新技术进行潜力调查势在必行。应大力开展基于“云平台”的潜力调查方法创新，不断推动先进手段、先进技术在网信资源潜力调查中的运用。一是在相关法规中体现信息化建设的要求，为建设潜力调查信息平台提供法律依据。二是建立全国统一的网信资源潜力调查信息平台。坚持全国一盘棋，搭建不同行业间信息链路，建立共享机制，设置保密门槛，盘活潜力数据，形成网信资源潜力信息应用系统的统一平台。三是改进人工统计检查的方法。目前网信资源潜力数据检查仅仅是看数据是否完整、填写是否规范等，很少用到统计学、概率论的方法，对逻辑误差、对应关系等进行校验，应加强对调查统计科学理论和技术的实践运用。

二、划分调查范围，明确潜力调查指标

在网信资源潜力调查实施过程中，确定潜力调查对象和范围、明确潜力调查指标体系，是顺利开展潜力调查工作的基本前提。

（一）划分潜力调查范围

从总体上，不论是条形调查还是块状调查，都应采取按照现有行政区划，围绕调查机构和调查人员就地就近区分的方式进行，以充分发挥调查机构和调查人员熟地熟情况且有一定权威的优势。当抽组专门力量对一些专业特殊、规模较小的网信资源潜力进行调查时，则应按照现有区划组合划分，但所划分范围应尽可能保证调查机构和调查人员对区域内的基本情况有所了解和掌握，而且所划分范围及由此带来的任务量必须与调查机构和调查人员的能力相当，确保调查任务的完成。划分调查范围，不能使区分的各调查范围发生重叠。焦点是应处理好现有行政区划重叠处的网信资源潜力调查工作的任务区分，避免发生重、漏登记统计。

（二）确立潜力调查指标

确立潜力调查指标，是开展网信资源潜力调查的重要基础性工程。必须广泛调研、军地对接，切实把网信资源潜力调查指标构建好、设计好。

1. 确立潜力调查指标的基本要求

网信资源潜力内容包罗万象，不同的指标分类会产生不同的动员效果，我们认为，最理想的指标体系应当具备几个条件：一是与国家网信动员体制相匹配；二是能够满足战争、突发事件、紧急状态三类动员需求；三是便于操作使用；四是能够根据经济社会发展情况不断扩容。

2. 细化潜力调查指标的体系类别

必须以军事需求为牵引，深入分析战时的可能需求以及自身的可用资源，打仗需要什么就采集什么，对过去调查内容中与打仗无关的指标大胆舍弃，对过去没有涉及但打仗需要的指标进行增补，对一些看似有用但不大实用的指标进行更改；按照行业系统区分指标类别，进一步细化内容、

设置参数，形成符合现行体制、体现行业特点的指标目录和体系；按照应急应战要求设置指标类型，围绕实战保障需求的任务特点，推进军事标准改革，区分战争、突发事件、紧急状态等不同类别，对每一类指标的具体情况进行分类注记，对不适用的予以全面清理，逐步加大民用标准的比例，整合军民通用标准体系，精减或调整部分信息选项；按照信息化建设要求设置军地统一、行业一致的指标参数，推动实现数据目录代码化，统一编码、统一分类，力求达到快速响应、精准动员的要求。

在开展潜力调查指标对接时，应按照行业系统区分指标类别，按照不同行业、不同统计对象特点，进一步细化内容、设置参数，形成符合现行体制、体现行业特点的指标目录和体系。

3. 按照应急应战要求设置指标类型

应对每一类别潜力调查指标的储量、位置、性能、可动员数量、再生产能力等，区分战争、突发事件、紧急状态进行注记，类似气象局经常使用的蓝色、橙色、红色预警等，这样便于根据网信动员需求的不同，选择不同潜力资源，一旦展开应急应战动员，能够快速响应、精准动员。

4. 按照信息化建设要求设置指标参数

主要做好两点：一方面，应按照国家标准化管理委员会明确的标准设置参数，防止军地不统一、行业不一致；另一方面，应推动实现网信资源潜力数据目录代码化，统一编码、统一分类，为信息数据平台搭建奠定基础。

5. 按照各地发展差别设置拓展接口

除全国统一的标准外，在网信资源潜力调查指标体系目录中还可根据实际需要，留出一些自定义选项，各省市县可以根据自身的潜力优势设置各自的特色指标，为网信资源潜力调查的不断延伸拓展提供空间。

三、采集数据

网信资源潜力调查通常采用分级分类的方式采集数据。分级分类，就是按行政上下关系和业务分工区分统计调查任务，开展登记和统计工作。

（一）创新潜力数据采集方式

网信资源潜力数据采集，应尽可能通过多种方式进行，确保工作效率和数据真实可靠。调查人员应加强责任心，实事求是地进行数据登记统计，并善于见微知著，及时发现和纠正问题。采集时，应多采用直接观察法，当面见人、见物、见材料。采集的数据，应当场登记，并妥善保存，防止丢失。数据采集过程中，若发现该数据与平时了解掌握的相比有过大或过小现象时，调查人员应加强数据核实，并上报本级网信资源潜力调查执行机构和上级网信资源潜力调查组织机构。

在潜力数据采集方式的创新上，应多方采集数据，按照“区域采集为主、行业采集为辅，发挥职能作用、积极拓宽渠道”的原则，针对隶属中央或总公司所在地不在调查地域内的通信运营、信息服务、科研院所等企事业单位，明确由各省（市）国防动员委员会办事机构按区域划分负责数据采集汇总。针对信息安全、信息技术等新领域，各省（市）国防动员委员会办事机构牵头、地方军事机关应积极配合，主动靠前协调地方主管部门，及时固化联络协调机制，军地形成合力稳步推进数据采集。

（二）强化信息统合力度

网信资源潜力信息系统建设是一项复杂的系统工程，牵一发动全身，必须加强顶层设计和规划，统一行业指标体系，统筹建立网络信息平台，实现智慧国防。在此之前，各级需要进一步强化信息共享机制，进一步确定每项潜力可从地方哪个信息系统获取数据、哪些潜力需要补充调查，建立怎样的相应工作手册，登记统计地方哪些行业及其与潜力调查相关的信息平台；划分潜力调查对象、内容和指标；明确各级潜力数据统计职责，为网信资源潜力数据采集奠定基础。

（三）把握潜力数据采集重点环节，提高潜力数据信息的准度精度

应按照上下结合、军地结合、条块结合的思路，突出关键环节，注重过程调控，采取灵活办法，确保数据采集的准确高效。一是严把队伍培训关。应实行省带市、市带县两级培训制，采取以会代训、现地参观、集体交流、现场答疑等办法进行培训，使大家熟悉调查的内容、标准、步骤、程序、方法和要求。各级结合本地实际，各抓各的人，各想各的招，查漏补缺、积累提高。二是严把“条块”统筹关。坚持该统就统，宜分则分。调查涉及的机关、团体、企事业单位及人员情况能够属地解决的，以“块”为主，属地管理难以统计的，则以“条”为主。对邮政、联通等垂

直管理单位，按行政管理体系“联起来”；对电信、移动、无线电管理委员会办公室等相近产业部门，按专业类别“捆起来”；对大型企业集团等跨地区单位，按照行业系统“统起来”，由行业主管部门、总公司等进行调查，有效提高统计效率。三是严把汇总核查关。应采取自下而上的办法，省国防动员委员会纵向汇总各市国防动员委员会数据，横向汇总专业办公室和成员单位数据，集中校验比对，从中发现遗漏，剔除冗余重复。采取分类抽样、等距抽样等办法，对与应急行动联系紧密、与战时动员需求关联度大的重点行业企业数据，进行重点审核，对出现偏差的，组织综合评估和认定，偏差较大、达不到标准的责成“回炉”重新调查，确保潜力数据全面、真实、可靠。同时，数据流转过程中，一律采取专机专用、单向报送、权限控制等办法，严防失泄密问题发生。

四、数据处理

数据质量是网信资源潜力调查数据处理的生命，各个环节中必须以质量为核心，全程控制，在对各调查人员和调查执行机构收集掌握的数据、信息进行分类综合和汇总后，应对潜力数据质量进行综合评估，凡达不到质量要求的，坚决返工重做，并实施一票否决。

（一）数据处理模式

数据处理分为手工过录汇总和计算机录入汇总两个步骤。计算机录入根据网信资源潜力调查对象不同，采取两种模式：第一种为手工录入模式，其基本特征是“手工录入，逐级上报，四级处理，逐级建库”；第二种为光电录入模式，其基本特征是“光电录入，逐级上报，三级处理，逐级建库”。

（二）数据处理办法

网信资源潜力调查的数据处理，通常有手工过录汇总和计算机录入等方式，应当发挥各自优长、充分运用。

1. 手工过录汇总

手工过录、快速汇总，是由下到上，逐单位过录网信资源潜力调查表核心指标，快速取得国防资源潜力调查初步成果。

2. 计算机录入

主要包括人工录入和光电录入。

采取人工录入方式时，应合理安排、调试录入设备，保证录入运转处于最佳状态；专机专人录入，明确责任，保证数据安全；跟机答疑，录入员不得擅作主张，自行修改；重点复录核对，保证核心指标录入正确无误；逐类分析查询审核报告清单，据实修改，形成规范文件上报。

采取光电录入方式时，光电录入全过程管理十分重要，管理能提高速度、确保质量、增加效益。实施时，应精心布置现场、制定岗位职责、固定岗位人员、强化现场监管，做到科学分解工作任务，合理调配录入人员，全程指导洗表装表，跟机观察改字及错误修改；按时抽查、复核，准确记录质量信息，填写工作表格；深入分析各岗位、各环节进度与质量差异原因，尽快研究有利于提高录入进度和质量的有效办法；保持现场有序高效运转，尽最大努力节约时间，争取数据审查、汇总上报、评估论证的主动权。

（三）数据质量控制

网信资源潜力调查的数据质量控制，通常包括固定程序、辅助程序、编码工作、数据审核、质量抽查等环节。

1. 固定程序

应当确定由专人负责数据处理全过程的管理，全面掌握运行特点及上报要求，确保按照国家标准做好数据的采集、处理与质量控制。

2. 辅助程序

主要应做到：一是及时搜集、钻研和交换网信资源潜力调查“补丁”程序即辅助程序；二是根据工作需要积极开发、完善、运用有利于提高数据质量的有益辅助程序。

3. 编码工作

现场登记结束后，网信资源潜力调查进入编码和审核环节。这一环节是计算机数据处理前最后一道数据质量检查关。在编码审核过程中，县（市、区）级网信资源潜力调查机构要抽调工作细心、对行业和地址码比较熟的人员对表中的编码项、圈填项进行认真检查，并采用“二重法”进行审核。即各专业科室进行一审，对表内各有相关指标进行专业编码审核；网信资源潜力调查专业人员进行二审，注重法人代码、地址码、各圈填项落码情况等各属性指标的审核。通过认真编码，严格审核，消灭表内的原生性错误，达到严格控制数据质量的目的。

4. 数据审核

在网信资源潜力调查数据上机开录之前，通过一定的形式和方法，针对网信资源潜力调查表中的单位漏登、类型错划、填写不规范和数量偏高偏低问题进行全面的再次审核，把网信资源潜力调查表逻辑误差减少到最低限度。

5. 质量抽查

事后质量抽查是控制数据质量的重要方法，它具有事前和事后两种效应。事后质量抽查，由国家和省统一制定办法，逐级组织实施，随机抽取一定比例的调查单位进行审查、核实、核对、计算相应的误差指标，作为整个网信资源潜力调查数据质量的评价依据。

（四）数据质量评估

提高网信资源潜力调查资料的真实性和可信度，需经过网信资源潜力调查资料与其他有关资料的对比分析、比较论证。评估论证网信资源潜力调查数据，必须坚持实事求是、用事实说话、反复印证三个原则。

1. 评估程序

评估一般采取五个步骤进行。

(1) 填写比较表。

把分地区的手工汇总资料与有关资料进行对比，把数据处理汇总结果资料与有关资料及友邻地区相比，为正式评估做好充分准备。

(2) 网信资源潜力调查执行机构初评。

网信资源潜力调查手工汇总结果，数据处理简易汇总结果，向社会公开发表的公报，各级网信资源潜力调查组织机构都要本着高度负责的态度，认真组织全体人员进行初评，并召开下级网信资源潜力调查组织机构领导人会议进行反复的评估。

(3) 网信资源潜力调查组织机构二评。

在网信资源潜力调查执行机构初评的基础上，网信资源潜力调查组织机构召开中层以上的专业干部和有关统计网信资源潜力调查专家及业务人员参加的网信资源潜力调查数据评估论证会，对有争议的数据，反复地查找原因，对争议较大的数据，可再进行一次小型抽样调查，进行反复印证。

（4）专家组再评。

在完成前两次评估的基础上，召开网信资源潜力调查领导机构成员和统计、网信动员专家评估会议，对网信资源潜力调查成果和面向社会发布的公报，反复地进行评估论证。

（5）审批与公布。

在前三次评估的基础上，写出书面评估论证报告，经本级国防动员委员会审核认可，政府和同级军事机关领导签字同意后，向上一级网信资源潜力调查机构报出，待上一级网信资源潜力调查领导机构和国防动员委员会批准后，网信资源潜力调查成果按统一规定时间和程序有选择地向社会公布。

2. 评估方法

常用评估方法有以下五种。

（1）宏观分析法。

网信资源潜力发展同整个社会和经济宏观运行联系在一起，把网信资源潜力调查数据与社会和国民经济相关联指标联系起来分析，可以合理判断网信资源潜力调查数据的客观真实性。

（2）动态趋势分析法。

网信资源潜力指标在没有特殊政策或因素改变的情况下，发展变化在时间序列上都是平滑的。利用若干年的资料，观察动态变动趋势，往往能够发现数字差错而造成变动趋势上的明显变化。

（3）结构对比分析法。

在内部各专业潜力指标之间，一般正常情况下，都形成一定的对比或比例关系。用历史和发展的观点看这些结构的发展变化，结合网信资源潜力发展变化情况，也可对数据质量进行评估。

（4）相关指标评估法。

网信资源潜力指标之间往往存在一定的互联关系，如教育科研潜力的增长必然也将带来信息技术动员潜力的增长。利用这些指标之间相关关系的变化趋势，可分析评估某个指标的可信度。

（5）突出难点分析法。

根据多年潜力调查实践经验，网信资源潜力调查数据评估，最难评估的数据往往是网信资源潜力调查数据低于统计年报数据的幅度很大，特别是涉及若干宏观动员潜力指标的数据无法说清。因为一些网信资源潜力的统计数据是由统计部门和相关动员机构公布，而一些相应的网信资源潜力调查数据也是源自这些机构和部门。网信资源潜力调查数据大于等于或稍小于统计年报数，都易于评估，而一旦网信资源潜力调查数据低于统计年报数据幅度太大了就比较难评估。如何解决评估中的难点问题，要横向纵向认真研究统计年报数据和历次网信资源潜力调查的数据；要认真研究年报的指标、口径、范围、计算方法、计算公式、使用单位与网信资源潜力调查是否一致；要认真搞好网信资源潜力调查工作的摸底调查，彻底清理网信资源潜力调查起报单位，在不重不漏上下大功夫，特别要在不漏上下深功夫（重了可以从程序上剔出，漏了就没有办法）；要精通网信资源潜力调查业务；要认真搞好调查研究。

3. 评估报告

各级网信资源潜力调查机构要在充分评估论证的基础上，撰写高质量的网信资源潜力调查数据质量评估报告。质量评估报告要充分利用好有关部门关于网信资源潜力调查数据的审核意见和日常管理措施，有关典型地区的核查资料，有关网信资源潜力调查准备、登记、复查、验收、审核等多方面资料。从总量指标、质量措施、抽查验收结果、数据与有关部门差异原因、网信资源潜力调查成果的增长情况、专业结构、分布特点、典型单位核查状况等方面论述网信资源潜力调查数据的真实性、可信度，并及时上报网信资源潜力调查数据质量评估报告。

五、验收核实

验收核实，就是在调查过程中，按规定程序和手续验收下级上交的资料，结合统计汇总核查验证下级调查数据、信息的准确性。具体应当从三个方面入手，做到网信资源潜力数据的验收核实工作。

一是把好数据、信息来源关。各条块上报的统计报表应附数据来源说明，如由相关人员提供或根据相应资源转报等。凡未通过指定调查途径统计上报的数据都可能存在失实现象，必须要求下级重新统计上报或提供有关资料来源说明。经过多层上报的被调查人员提供的数据、信息，应附被调查人员、调查人员、调查执行机构、下层验收机构的签字和印章。

二是严格有关手续。各级上报的报表，都应有调查人员、被调查单位负责人（被调查统计人员）、审核人员、分管领导和主要领导签字并加盖公章。凡经核实和复核的统计内容，复核人也应签字，以示负责和便于查找责任。本级调查数据汇总后，由本级调查统计领导审核签字后报上级领导或调查领导机构领导审查，由主管领导签字并加盖单位与个人印章后上报或存档。

三是对调查情况进行抽样核查、重点调查和军地复查。为确保调查质量，防止数据和信息失实，对面广量大、容易出错的登记统计项目，以及重点内容、变性较大的内容等，如对信息网络资源潜力和相似领域的专业潜力等，应采取其他必要的方法进行审查核实。在网信资源潜力调查数据正式录入前，应通过一定的形式和方法，针对网信资源潜力调查表中的单位漏登、类型错划、填写不规范和数量偏高偏低问题进行全面审核，把网信资源潜力调查表逻辑误差减少到最低限度。

六、填充报表

这里所指的报表，不是原始采集表，而是统计表，是对原始网信资源潜力信息采集表进行的汇总。各项数据采集并经反复验收核实后，网信资源潜力调查组织机构应抽组人员进行数据统计和填写报表。

填写报表，一般由专业的调查人员、会计和地方军事机关人员共同执行，网信资源潜力调查组织机构应加强组织和协调。

填充报表的内容主要包括：登记统计数据、数据单位，登记统计时间与填写时间，备注，填写人、计数人、检查人等。填写时，要认真、仔细、耐心、规范、工整。填写中若对个别数据有疑问的，应停止填充，反复进行复算、复查，并报网信资源潜力调查组织机构。待准确确定后，再继续进行填充，并予以注明。

七、审核材料

网信资源潜力调查过程中，各级网信资源潜力调查领导和负责机构应按照规定，及时对下级上报的各项调查登记、统计资料和分析评估结果进行审核。特别是在网信资源潜力调查统计接近尾声时，网信资源潜力调查领导机构和组织机构应组织强有力的力量，对下级上报的调查统计资料进行审核。

审核一般按照先内部审查，后上级审核的方式，由下而上地进行。审核的内容主要包括：各项调查材料的完整性；各项调查材料填写的规范性和全面性；分析评估结果的客观性；各项数据登记统计的准确性；各项调查手续的严密性等。

审核材料可以通过各种材料对比印证和进行抽样检查等方法进行。审核材料一般由专人负责，抽调业务精湛的精干人员组成审核小组，在单独的场所集中开展。审核时，要建立必要的审核制度和责任制，保持审核现场秩序安静；审核人员要有强烈的责任心和耐心，敢于发现问题；下级送审材料的单位和人员，应随时做好备询和说明工作。

八、上报审查

调查完毕后，各项调查资料最终只有经过网信资源潜力调查领导机构和组织机构两层联审、领导签字后，才能成为调查结果和结论上报上级部门进行审查。网信资源潜力调查领导机构进行最后审查后，应由军地双方领导和单位联署盖章，以证明调查资料的权威性。上报的调查资料包括原始调查资料、调查检查验收资料、调查审查资料、调查评估资料，以便上级部门进一步进行核对和审查。

九、开发应用

网信资源潜力调查资料开发内容主要包含基本成果、分析成果和数据库成果的开发。应注重发挥网信资源潜力数据对应急应战的基础支撑作用，搭建信息系统平台，拓展应用功能，提高使用效益。

（一）开发组织领导

网信资源潜力调查成果开发，应在各级网信资源潜力调查领导机构的统一领导下进行，重点动员与网信资源潜力调查对象密切相关的行政管理部门和军事机关，应当共同组织好网信资源潜力调查资料的开发应用工作。各级网信资源潜力调查机构要制定切实可行的网信资源潜力调查资料开发应用方案，明确规定网信资源潜力资料开发的目的意义、基本原则、主要内容、组织实施、成果发布、进度安排和经费保障等事项，同时制定考核奖励措施，充分利用国防动员委员会办事机构的综合协调功能来确保网信资源潜力调查资料开发应用顺利开展并取得丰硕成果。

（二）成果开发内容

网信资源潜力资源的成果开发，其内容通常包括基本成果开发、分析成果开发、数据库开发等方面。

1. 基本成果开发

主要应做到：一是按照档案管理要求，分类整理材料、资料、报表图片、音像并形成卷宗，保留全体网信资源潜力调查人员的真实活动记录和工作成果；二是编辑《网信资源潜力调查资料选编》和《网信资源潜力调查主要数据提要》，为相关动员机构掌握现状、分析研究发展问题、规律，制定动员准备计划提供全面翔实的基础数据；三是编写《网信资源潜力调查工作报告》，向党委、政府、人民群众、上级网信资源潜力调查机构真实报告网信资源潜力调查各阶段工作重点、主要措施和经验教训，报告网信资源潜力调查成果及其发展对策建议，为今后全国性网信资源潜力调查提供宝贵经验；四是发布网信资源潜力调查公报，有选择地通过新闻媒体公示和宣传网信资源潜力调查成果；五是编辑文件资料、经验简报选编，规范保留网信资源潜力调查典型成果。

2. 分析成果开发

主要应做到：一是针对网信资源潜力调查情况，组织撰写一批“短、平、优、快”的专题分析文章和信息资料，并通过规范资料、网页平台、报刊杂志多渠道刊发宣传；二是结合各级政府工作重点、行业管理重点，开发高、精、深、优的课题研究报告，充分利用网信资源潜力调查数据研究成果服务实际工作的决策；三是编辑优秀分析报告、课题研究成果，为各级党委、政府和有关部门决策提供多方面参考意见。

3. 数据库开发

主要应做到：一是通过服务器备份、刻录光盘等多种形式，完整保留网信资源潜力调查标准时点原始记录；二是通过反馈、整理、提供多种方式，使网信资源潜力调查数据充分发挥国防效益；三是利用统计和相关网信资源潜力调查资料补充、完善、更新网信资源潜力调查数据库，使网信资源潜力调查数据真正成为统计核算的重要依据。

（三）资料开发办法

做好网信资源潜力资源开发的办法很多，通常包括以下方面。

1. 召开运用培训会

动员和号召各级网信资源潜力调查机构领导和开发应用业务骨干积极行动起来，认真搞好网信资源潜力调查资料的开发应用工作。对网信资源潜力调查资料开发的目标任务、基本方法、注意事项进行详细讲解，对网信资源潜力调查资料的分析研究方法、基础成果的规范形成等方面进行严格培训。

2. 拟定开发纲目篇

根据各项网信资源潜力调查资料的特点，在充分征求有关职能部门意见的基础上拟定不同篇章的参考题目，突出各项网信资源潜力调查资料开发的重点、热点问题，为各级网信资源潜力调查资料开发提供有效信息。可采取内部动员、军地联手等方式进行。

3. 成立课题研究组

各级网信资源潜力调查机构和有关职能部门要围绕岗位、政府和同级军事机关的工作重点，充分利用网信资源潜力调查资料和专业网信资源优势，组成课题组深入开展调查研究。

4. 组建资料服务组

为了保证开发应用所需的网信资源潜力调查资料准确及时、口径统一，各级网信资源潜力调查机构应设立资料服务组，负责网信资源潜力调查数据接收、反馈。按不同标志分组、汇总、打印综合资料；审定、发布公报；精选表种、指标，整理数据提要；科学排版编辑网信资源潜力调查资料；系统整理相关数据，按标准格式存入网信资源潜力调查数据库；提供决策部门、专题分析和课题研究所需网信资源潜力调查数据。

5. 采取多重激励

主要应做到：一是及时转发、宣传网信资源潜力调查资料开发优势成果，鼓舞、带动各地网信资源潜力调查资料开发蓬勃开展；二是制定资料开发考核、评比、奖励措施，充分调动各部门和国防资源潜力调查资料开发有功人员积极性；三是组建成果评审委员会，评审、推荐优秀论文，使最新成果能及时为指导网信动员准备工作服务，更大范围发挥国防效益；四是编辑印刷国防资源潜力调查资料开发优秀研究成果专辑，永久保存网信资源潜力调查经典事例和研究成果。

第三节　网信资源潜力调查总结

网信资源潜力调查实施过程中，国防动员委员会办事机构和国防资源潜力调查统计的执行机构应注意不间断地搜集、了解网信资源潜力调查统计情况，包括调查统计过程中好的做法，涌现的先进个人和单位，存在的不足，社会各个调查统计对象的配合情况，区域内的国防动员潜力总体状况与各单位动员准备状况，以及区域内动员准备与战时需求存在的差距等。网信资源潜力调查统计工作临近结束时，国防动员委员会办事机构应将这些搜集掌握的情况汇集整理成书面材料，为撰写网信资源潜力调查统计总结报告做好准备。同时，应通知各级调查统计机构和相关部门领导，准备召开总结大会。情况许可时，网信资源潜力调查组织机构还应组织各个基层调查机构进行自我小结，以及整个组织机构和调查成员内部的情况总结等。

一、完成潜力评估报告

潜力调查临结束时，网信资源潜力调查组织机构应对下级上报的各种情况，结合自身通过其他方式获取、掌握的情况，组织人员召开分析评估会，对统计调查情况进行分析、评估，查找问题，挖掘经验，对统计调查成败给出适当的鉴定。

分析评估调查统计情况，一般应邀请部分专家，并抽调一线经验丰富的调查人员和负责领导参与，分析评估重点是验证调查数据、信息的合理性和可靠性。其次是挖掘经验。具体可采取纵横比较、量化计算、专家分析等方法进行。纵向比较，就是对本次数据调查与往年调查统计数据进行比较，找出变量部分，分析其变化是否合理。横向比较，就是对一些难度较大的潜力调查数据、信息分别赋予几个部门同时进行比对和分析，从而验证数据和信息的准确性。量化计算，就是运用各种统计方法、模型和计算机应用软件进行模拟统计分析，结合数据、信息的一般变化规律进行比对分析。专家分析，就是运用专家调查方法进行分析评估。为了确保评估效果的准确性和权威性，通常应采用多种方法进行分析评估，并防止受主观因素的左右。分析评估后，应给出合理的结论，并将分析评估情况和结论上报下传，以便发扬优点，纠正问题，改进不足，确保整个网信资源潜力调查工作顺利、圆满、高质量、高标准完成。

二、完成工作总结

各级国防动员委员会办事机构应当在切实掌握动员潜力调查情况，并进行汇集整理的基础上，应根据领导指示，适时起草网信资源潜力调查总结报告，做好总结准备。总结应包括统计调查指导思想、统计调查基本情况、统计调查成果、统计调查情况评估结果、统计调查中的好人好事、存在的不足和问题、下一步改进的措施等。拟制网信资源潜力调查总结时，可采取分工负责、分别撰写、最后集中的方式进行，也可采取指定专人负责撰写的方式进行。拟制过程中，应注意情况的客观性、典型的重点性、参加对象的特殊性。总结报告拟制完毕后，应先在网信资源潜力调查组织机构内部进行传阅、讨论，听取各个成员的意见和建议。然后，再对总结报告做进一步修改和调整，最终形成书面格式送领导审批。

在完成工作总结过程中，应特别注重完善政策奖惩激励功能问题。对于网信资源潜力调查奖励和惩罚，目前法规的制度设计上还不够完备，激励警示作用还不够明显。如同征兵一样，网信资源潜力调查如果只强调履行国防义务，不提供政策支持和引导，很难达到预期效果，必须走奖励、惩处并行的路子。因此，在总结过程中，应归纳梳理相应的奖惩措施和机制。一是增加奖惩条款。比如对于不按规定提供潜力数据、数据严重失实、造成重大泄密等行为，可以按照《中华人民共和国行政处罚法》予以警告、罚款、责令停产等，构成犯罪的依据《中华人民共和国刑法》追究刑事责任；对于完成任务较好的单位和个人，可以发放牌匾证书、授予先进称号、纳入信用认证体系、发放奖励金等。对企业可借鉴一些发达国家的做法，予以货币补贴、增加军工订单等。二是明确奖惩的主体。奖励可采取军地联合表彰的形式，精神鼓励与物质鼓励相结合；惩罚可采取军地联合执法的形式，由具备行政执法权的地方行政部门担任行政处罚执法主体。三是明确评估监督的程序。奖励可按照评定、审批、执行的程序，惩罚可按照调查、审批、执行的程序，做到依法奖惩、按程序执法。

三、上报报表和评估报告及工作总结

网信资源潜力调查评估报告及工作总结草拟定稿后，应随同填充完毕的各项报表一起上报本级国防动员委员会和上级网信资源潜力调查组织机构。

上报报表和评估报告及工作总结前，网信资源潜力调查机构办事人员应进行规范的装订和整理，编写目录、编号，注明材料密级；国防动员委员会办事机构应拟制相应的报告文书；网信资源潜力调查统计组织机构要对上报报表和评估报告及工作总结做进一步整理和检查，并由负责同志签名。

上报报表和评估报告及工作总结，一般应至少指定两人乘坐专用交通工具共同送达。网信资源潜力的各种报表和评估报告及工作总结，一般应直接送至党委、政府和同级军事机关的机要部门。送达后，应做好签收手续等工作，并报告党委、政府和军事机关领导人。报表和评估报告及工作总结的内容，由国防动员委员会领导向国防动员委员会进行公布，全部内容要控制传播和知密范围。

四、梳理资料，分类归档

通常，网信资源潜力调查的各种资料都是保密的内容，网信资源潜力登记报表和各类材料上报后，网信资源潜力调查组织机构的人员应对剩余的材料做进一步梳理，并按照国家档案制度进行分类归档保存。

梳理材料，主要是区分材料的密级、使用价值、类型等。对没有任何价值的材料，应按照国家档案规定经过多重审查验收后，办理登记手续并组织专人进行销毁。对有价值的材料进行分类、装订，编写目录、编号和页码，注明密级、年份等，并按照规定送至保存场所收藏。

分类归档，一般按国家和军队的档案制度中的相关规定实施。要编写条形码和类别号，并应对号存放。

网信资源潜力调查资料是上级复查网信资源潜力和调查情况的基本依据，也是下次再开展网信资源潜力调查统计工作的依据之一。因此，应妥善保管。分类归档后的材料应防止遗失、损坏，并控制查阅范围。

五、完善制度，健全法规

网信资源潜力调查结束后，应本着长期准备、长线牵引的原则，在总结的基础上，针对存在的问题与不足建立健全相关制度，推动地方立法机构立法，完善法规体系，使网信资源潜力调查工作走上规范化、制度化的轨道。

（一）完善网信资源潜力调查的顶层法规

网信资源潜力调查统计涉及行业多、信息量大，应当强化法制思维和法制理念，建章立制、用活政策、依法落实，使潜力调查有章可循、规范实施。应依法依规开展工作，规范组织实施方法。国家层面应对相关法律法规进行修订完善，进一步明确政府和有关部门、军事机关、社会团体、企事业单位和公民在网信资源潜力调查中的责任和义务。一是出台网信资源潜力调查相关法规。针对国家层面缺少配套法规的实际，积极探索出台网信资源潜力调查相关法规，对网信资源潜力调查程序步骤、范围内容、数据管理等进行明确，并结合形势任务变化及时修订，从一开始就为潜力调查提供基本依据。二是修订制度规定，强化依法实施效力。现行网信资源潜力调查法规制度相对比较笼统，《中华人民共和国国防动员法》中虽然有相关要求，但缺少刚性约束、可操作性不强。省市在制定相应规定中也因缺乏依据，难以具体明确地赋予相关行业部门和企事业单位责任和义务。因此，应由国务院、中央军委重新修订出台潜力调查制度规定和实施办法。

（二）进一步完善配套法规制度

研究修订制定新形势新体制下网信资源潜力调查法规，在有了顶层法规的基础上，关键是要加强顶层设计的理论研究，构建起一整套网信资源潜力调查法规的完整体系，从而确保既有顶层设计的统揽，也有组织实施的措施，还有具体落实的标准，构成一个完整的网信资源潜力调查法规体系架构，有力推动网信资源潜力调查沿着法制化轨道创新发展。对此，应结合各省市自身实际，研究制定本级相应的网信资源潜力调查法规制度，明确职能使命、区分职责分工、规范程序方法、建立奖惩制度；应增加与上位法衔接的内容，明确网信资源潜力调查配套法规的法律依据、性质地位，明确政府的主体责任和主导职能，明确网信资源潜力调查的基本原则，明确公民、法人以及其他组织的权利义务等，使网信资源潜力调查工作在法规层面更加规范；同时，还应完善执法监督，实行分级负责，加强上下衔接，进一步强化国防动员委员会办事机构领导述职制度，逐级展开调查工作、一级对一级负责，实施统计执法“双随机”抽查方式，建立网信资源潜力调查信用制度，有效提高依法办事执行力。

（三）健全完善网信资源潜力调查制度机制

应固化“行业领域”向“动员部门”提供数据的刚性约束。围绕新体制新职能，按照依法行政、依法动员的要求，以出台或修订相关规章和规范性文件的形式，为开展网信资源潜力调查提供制度支撑。一要强化顶层设计。按照“废除过时的、留住管用的、增补空白的”要求，抓紧修订网信资源潜力统计调查相关规章制度，着眼快速精确高效动员进行顶层设计，把潜力调查的模式由过去基于传统人工采集的理念，转向基于信息主导、体系融合；及时出台网信资源潜力调查实施办法，进一步细化、量化顶层法规制度，具体明确潜力调查的程序方法、内容要求、职责分工、奖惩标准与办法和保障措施。

六、统计调查总结表彰

网信资源潜力调查主体工作结束后，网信资源潜力调查领导机构应在由下而上地组织认真总结的基础上，及时召开总结大会，汇报统计调查情况，总结调查经验，查找统计调查中的问题和不足，提出改进方法、措施和要求，表彰先进单位和个人，惩处统计调查中渎职的人员。

表彰分为综合表彰和专项表彰两类。在网信资源潜力调查全过程中，为了及时总结推广经验，充分调动各方面的积极性，应当对网信资源潜力调查工作某个方面有突出贡献的单位和个人进行专项表彰。对在网信资源潜力调查宣传、数据处理、软件开发、工作创新、成果应用、档案管理、优秀文章等方面有重大或特殊贡献的先进集体和个人，都要采取不同形式进行表彰与奖励。网信资源潜力调查工作基本结束后，各级国防动员委员会或网信资源潜力调查领导机构要对在网信资源潜力调查工作中有突出贡献的先进集体和个人进行表彰与奖励。各级网信资源潜力调查组织机构要具体制定先进集体和先进个人条件，因地制宜确定和分配名额，并向政府、军事机关或领导机构请示表彰和奖励的办法。应及时组织召开表彰会议和发文通报，达到鼓励先进、鞭策后进、调动积极性的目的。总结表彰应以鼓励为主、惩处为辅的精神实施，公平、公正地评价潜力调查情况和调查过程中的人与事，提出的措施应得力、可行，避免出现自由主义、好人主义和走过场现象。

第五章　网信资源潜力调查数据管理

网信资源潜力调查数据的分析、使用与维护，是网信资源潜力调查的后续延伸工作，是网信资源潜力调查成果的重要开发与保存，也是网信资源潜力调查的一项重要基础性工作，对网信资源潜力调查和网信动员组织实施都具有重要的意义。良好、可靠而有效的网信资源潜力调查数据分析、使用与维护，是对网信资源潜力调查工作成绩肯定的一种体现，也是网信动员决策与实施时数据信息依据来源的可靠保证。

第一节　网信资源潜力调查数据的管理

网信资源潜力调查数据的管理，是对网信资源潜力调查数据的处理与控制活动。网信资源潜力数据资料关系国家国防秘密与国家安全，平时应严格加强管理。

一、管理规定

为了严格管理网信资源潜力调查数据信息，确保网信资源潜力调查数据安全和功能发挥，各级国防动员委员会办事机构应预先制定严格的管理规定，并对相关职能机构及其工作人员提出严格的要求。通常情况下，管理规定应包括以下几个方面。

（一）按级负责，统一管理

网信资源潜力调查获取的数据和信息，一般按照国防动员委员会办事机构与地方政府统计部门编制，实行按级负责制，由各级国防动员委员会办事机构或本级地方军事指挥机关对本级调查统计所获数据、信息进行统一管理，其他各参与网信资源潜力调查的部门、单位与个人都不得私自保存调查统计成果。县以下网信资源潜力调查机构一般不保存网信资源潜力调查成果。

(二) 专人保管，保密安全

网信资源潜力调查数据和信息一般由国防动员委员会办事机构或本级地方军事指挥机关指定专人、专机、专室、专柜保存。所选保管人员必须是责任心强、国防意识强、保密观念强、技术水平高的业务人员。储存网信资源潜力数据信息的计算机必须与社会互联网或其他开放性、不相关的计算机局域网保持物理隔绝，防止网上技术失泄密。所选择的储存网信资源潜力调查数据信息的保管房间应防潮、防火、防鼠患、防虫蛀，必要时应加装信息遮蔽设备等保密设施、防盗安全设施、消防灭火设施，严防失窃和数据信息丢失、受损。

(三) 强化教育，提高意识

各级国防动员委员会办事机构平时应加强对保管网信资源潜力调查数据信息人员的培训教育，尤其是保密教育和档案管理教育，强化其责任心与安全保密意识，提高其管理能力与水平。需要时，还应加强工作检查，及时发现问题、解决问题。

(四) 履行手续，严格管理

有关单位需要使用网信资源潜力调查数据资料时，管理人员应严格检查手续并进行登记；使用完毕后，管理人员应及时回收数据资料，并进行数据资料检查，防止丢失和损坏，事后还应履行登记和报告手续。从网上调用网信资源潜力数据信息时，应加强身份识别与权限控制，严格控制传播范围。

(五) 建立各种制度，严格执行规定

网信资源潜力调查数据资料管理，通常应建立档案制度，保管、调用和移交应遵守国家和军队有关资料档案管理的规定；建立报告制度，除经常性报告网信资源潜力数据信息管理情况外，遇有重大情况和变化，保管人员应及时向本级领导和上级机关报告；建立资料备份制度，各类调查统计数据和资料均应保证电子与文字两套存档。电子数据信息还应建立硬盘与光盘备份，以确保数据信息安全无损坏和丢失。

二、管理方法

网信资源潜力调查数据的管理，其方法通常包括分工处理数据、分析评估调查统计资料、按级报告调查统计资料、建立保密与档案制度等。

（一）分工处理数据

各级网信资源潜力调查机构应当依托国防动员专用信息网络和系统，按照统一的标准和要求对网信资源潜力调查数据资料进行汇总，充分依靠现代化管理手段，加强对系统生成的网信资源潜力数据资料库的管理，提高规范化、信息化水平。

网信资源潜力数据资料和数据库由网信资源潜力调查机构统一管理。国防动员委员会办事机构应当及时掌握本专业网信资源潜力变化情况，定期更新和上报有关数据资料，发生重大变化情况时应及时上报。

（二）分析评估调查统计资料

网信资源潜力调查机构应当根据承担的网信动员任务，采用科学的分析评估方法和先进的分析评估手段，对网信资源潜力数据资料进行分析，提出本级网信资源潜力状况的评估报告，提高分析评估的质量和效率。

网信资源潜力调查机构出具网信资源潜力状况的评估报告后，由其进行情况汇总，形成综合分析评估报告，提供给本级主管机构审查和使用。分析评估报告经本级领导审批后，上报上一级主管机构。

（三）按级报告调查统计资料

各级国防动员委员会办事机构应当按照上级国防动员委员会办事机构的要求，定期上报掌握的网信资源潜力数据资料和评估报告；网信资源潜力情况发生重大变化时，应当及时报告。网信资源潜力调查一般每年结合平时业务工作组织一次核对上报。当年网信资源潜力调查获取的数据资料截止时间一般为上一年度的 12 月 31 日。

网信资源潜力调查数据资料分为电子文档和书面统计表两种。电子文档和书面统计表应经过本级网信资源潜力调查机构领导审批后上报。

（四）建立保密与档案制度

各级网信资源潜力调查机构应对网信资源潜力调查数据资料建立保密

与档案制度。国防动员委员会办事机构及其工作人员应当严格遵守保密规定，加强网信资源潜力数据资料调查统计、采集、汇总、抽查、评估、审核、上报过程中的动态管理，严格遵守工作制度，严防失密和泄密。网信资源潜力数据资料发生丢失、损坏、被盗时，当事人和责任人应立即报告，并及时采取安全措施。

三、管理要求

网信资源潜力调查数据管理是一项非常严肃的工作，是确保网信资源潜力调查成果安全的重要保障。因此，各级国防动员委员会办事机构和数据管理人员必须牢记潜力调查职责，认真履行规定。

网信资源潜力数据资料属于国家秘密。国防动员委员会办事机构、统计机构和统计人员应当加强对所掌握网信资源潜力数据资料的安全管理，建立健全保密措施，严防失泄密事件发生。通常情况下，网信资源潜力调查数据管理应实行按级负责制。网信资源潜力调查获得的数据资料应确定专人管理，明确工作责任。网信资源潜力数据资料必须保存在安全、可靠的场所，如相关的机要机构，并采取多种措施做好防火、防盗、防虫、防潮、防失密工作。各级国防动员委员会办事机构应加强对网信资源潜力数据库系统的管理，提高规范化、自动化管理水平。各级各类统计机构、统计人员应当按照国防动员委员会办事机构的有关要求和国家统计资料管理的有关规定，加强对网信资源潜力数据资料的管理和维护。

第二节　网信资源潜力调查数据的使用

网信资源潜力调查数据的使用，是对网信资源潜力调查成果的开发与运用。合理、安全地使用网信资源潜力调查数据，是网信资源潜力调查成果进一步扩展的重要表现。运用调查统计数据进行网信动员研究和决策就是网信资源潜力调查数据使用的典型表现。由于网信资源潜力调查数据是国家秘密的重要组成部分，因此在使用上也有许多相应的规定。各级国防动员委员会办事机构和数据管理人员必须明确相关的使用规定与要求，熟知使用的有关流程。

一、使用规定

严格的使用规定是确定网信资源潜力调查数据安全的重要措施，也是网信资源潜力调查数据管理活动的延续。通常情况下，网信资源潜力调查数据使用应建立以下规定。

（一）分级使用，严格权限

网信资源潜力调查数据和信息使用实行上下分级制。一般情况下，上级部门与机关可以调用下级部门与机关的网信资源潜力调查数据，下级部门与机关不可调用上级部门机关网信资源潜力调查数据。军事部门与机关可以调用社会性网信资源潜力调查数据，非军事部门与机关不得调用人民武装动员潜力等数据信息。

（二）控制范围，严格使用

由于网信资源潜力数据是国家秘密的重要组成部分，其使用应当建立严格的使用权限范围规定，非军事机关和其他部门人员不得擅自调用网信资源潜力数据。

（三）严格制度，按章办理

网信资源潜力数据使用应建立严格的批准、登记和报告等制度手续，任何个人和单位使用网信资源潜力数据都必须经过国防动员委员会办事机构办理以及国防动员委员会副职以上领导批准。无论是管理人员还是使用者都必须严格按照制度规定，办理各项手续。只有手续齐全、核实准确方可使用有关网信资源潜力数据信息。

（四）严格管理，安全保密

查阅和调用网信资源潜力调查数据资料时，任何个人或单位都不得将网信资源潜力调查数据资料带离保管场所，一般情况下也不得擅自摘录。任何涉密的机构和个人不得在公开场合谈论秘密，更不得擅自发布和提供秘密。一旦发现有上述问题，必须及时纠正和报告，对当事人进行必要的惩处。

（五）及时回收，防止丢损

网信资源潜力调查数据资料使用完毕后，使用者应及时归还调用的数据材料。时间较长时，保管人员应督促使用者交还数据材料，及时进行回收，并加强对所用数据资料的检查，防止丢失、撕毁和损坏，事后还应履行登记和报告手续，进行签名登记与上报。

（六）执行规定，及时报告

网信资源潜力调查数据资料建立报告制度，管理人员不仅要定期报告网信资源潜力数据信息使用情况，提出必要的建议与意见，而且遇有重大情况和变化时，也应及时向上级报告。

二、使用对象

网信资源潜力调查数据是国家重要保密内容，也是敌对势力千方百计想得知的信息。因此，对网信资源潜力调查数据应严格控制使用对象和范围，确保数据信息安全。通常情况下，非网信动员相关人员与机构均不得调用网信资源潜力调查数据。据此，网信资源潜力调查数据使用对象主要包括以下几类。

（一）本级以上国防动员委员会办事机构领导

本级以上国防动员委员会办事机构领导是负责相关范围网信动员准备与实施工作的负责人，也是网信资源潜力调查数据的主要使用者。

一方面，网信资源潜力调查数据是国防动员委员会办事机构领导组织开展本级网信动员准备与实施工作的基本依据。本级国防动员委员会办事机构领导不准确掌握本区域范围内的网信资源潜力情况，也就无法履行自身的网信动员职责，及时、有效地组织开展本级网信动员工作。即使按照已有的经验和概念组织开展网信动员工作，也必然是盲目、没有科学意义的。网信资源潜力调查数据应优先保障他们使用。另一方面，上级国防动员委员会办事机构是指导下级国防动员委员会办事机构工作的重要领导机构，也是制定本级范围网信动员准备工作计划与政策的重要决策因素。上级国防动员委员会办事机构只有准确地掌握下级国防动员委员会手中所掌握的网信资源潜力调查数据，才能及时、准确地指导下级国防动员委员会办事机构工作，提出网信动员准备与实施宏观指导意见与建议。因此，他们也应当是网信资源潜力调查数据的使用对象。

(二) 本级以上国防动员委员会相关办事机构成员

本级以上国防动员委员会相关办事机构是开展本级相关国防资源潜力调查的组织与执行机构基础，也是调整本级网信资源潜力准备工作思路、规划、目标的建议者和组织开展相关网信资源潜力调查实施工作的重要执行者。因此，这些机构成员必须准确掌握本级本业务系统的网信资源潜力情况。但是，这些相关办事机构成员只能掌握本业务系统的网信资源潜力数据，其他数据必须对其保密。

(三) 同级以上政府信息业务管理部门

县以上政府信息业务管理部门是组织当地网信动员准备工作，制定国防动员准备措施和规划，开展网信动员实施工作的重要机构。在很大程度上，网信资源潜力调查成果就是供其使用，为其履行职责，干好日常网信动员准备工作与战时网信动员实施工作服务的。因此，同级以上级政府信息业务管理部门也是网信资源潜力调查数据使用的重要对象。

三、使用要求

网信资源潜力调查数据使用是网信资源潜力调查成果的再发展，也是网信资源潜力调查的最终目的。由于网信资源潜力调查数据密级较高，因此，在合理使用潜力数据之时应有相应的规定与要求。具体说，主要包括以下几方面。

(一) 适度使用

网信资源潜力调查数据应严格控制使用范围与使用数量，建立严格的报批手续和登记统计手续。需要使用时，数据管理人员应加强对使用者手续的检查与使用时的监督及使用后的检查，控制使用内容，及时回收使用数据资料，并交接清楚，签字负责。通过严格的保密程序，严防失泄密。

（二）自觉遵守规定

政府和军队有关部门需要查阅使用网信资源潜力数据资料时，须经本级国防动员委员会办事机构批准。使用时，必须坚决执行使用规定，自觉服从管理人员的监督检查，不得随意将数据资料带出保管场所，不得随便摘录重要数据信息，更不得擅自查阅其他专业动员潜力数据和在公开场所谈论所了解、掌握的动员潜力数据。

（三）严格使用审批权限

网信资源潜力数据资料是编制网信动员建设规划计划和网信动员实施预案的重要依据，属于国家秘密的重要组成部分，县（市、区）以上各级国防动员委员会办事机构必须严格执行国家和军队有关数据资料保密管理的规定，严格控制网信资源潜力数据资料使用范围，未经批准不得对外公布或者用于其他用途。各级国防动员委员会办事机构使用网信资源潜力数据资料应严格履行审批手续。县级以上人民政府有关部门、军队团级以上单位，需要查阅使用国防动员潜力一般数据资料的，应当报同级国防动员委员会办事机构批准；查阅使用综合性或者重要项目的网信资源潜力数据资料的，应当报同级国防动员委员会批准；其他单位使用一般性、单项网信资源潜力数据资料，应当报经本级国防动员委员会办事机构负责常务工作的副职领导批准。

第三节 网信资源潜力调查数据的维护

网信资源潜力调查数据的维护，是网信资源潜力调查数据平时管理的一个重要方面，也是确保调查统计数据信息可靠、实用的基本条件。各级国防动员委员会办事机构应当高度重视这项工作。

一、维护规定

网信资源潜力调查数据的维护是调查统计数据管理人员与本级国防动员委员会办事机构共同的责任，通常应建立以下规定。

（一）分级负责，专业维护

网信资源潜力调查数据和信息采取按级负责制，各级国防动员委员会办事机构具体负责本级本部门或领导内的网信资源潜力数据信息维护，一般情况下不进行交叉维护。在工作人员紧张的情况下，网信资源潜力调查数据信息也可完全由国防动员委员会办事机构或本级地方政府信息业务管理部门负责维护。进行数据信息维护的人员一般应当是本部门、本业务内的专业人员，非专业动员人员不得随意更新数据资料。需要社会非专业人员维护计算机系统或相关保管设施时，应当对网信资源潜力数据信息及时进行必要的安全保密处理，如移存保管，并签订严格的保密协议，履行相关保密手续。

（二）强化制度，定期更新

网信资源潜力调查数据和信息维护通常建立以下相关制度：

报告和审批制度。当遇有重大情况变化和达到更新、维护周期时，应及时向有关领导报告。经过审批同意后，由专业人员对有关数据、信息、系统和表册进行维护和更新。

定期更新制度。为了确保网信资源潜力调查数据信息的有效性，网信资源潜力调查数据实行定期更新制度，本级国防动员委员会办事机构应及时掌握本级范围内的网信资源潜力变化情况，定期进行数据信息维护和更新。

应急维护制度。当遇有动员潜力重大变化、现有数据丢失、现有数据被非法更改等重大情况时，各级国防动员委员会办事机构和网信资源潜力数据信息管理人员不能墨守成规、熟视无睹，必须及时上报并在批准后实时进行数据信息更新和调整变动。

登记和报告制度。网信资源潜力调查数据信息更新和维护后，维护人员和管理人员都必须及时进行登记和报告，以备查询。

（三）加强教育，严格保密

各级国防动员委员会办事机构和相关部门应当加强对网信资源潜力调查数据信息维护人员的国防教育和保密教育，提高其保密意识和观念。维护人员必须严格遵守有关规定，不得向任何个人和外界透露网信资源潜力数据信息。

（四）及时通报，资源共享

网信资源潜力调查数据信息更新维护后，应及时向相关部门和人员通报情况，防止重复维护和更新，同时保证有关使用单位与人员及时了解和掌握最新信息。

二、维护方法

网信资源潜力数据维护通常采取抽样检查、对口调整、定期核查、系统更新、对比检查、及时调整等方法。

（一）抽样检查

抽样检查，就是适量地提取部分潜力数据、部分登记统计材料与所掌握的数据、资料进行对比、分析，检查其可信度和完整率，从而发现和查找问题。这种方法，既可用于调查统计数据文字材料的维护，也可用于电子调查统计数据部分的维护。网信资源潜力调查数据信息和储存资料众多，保管维护较难，一般情况下很难及时发现问题。因此，为了提高维护效率，可以采取抽样检查的方法，随机提取适量的样本检查其完好率和准确率。

（二）对口调整

由相应的网信资源潜力调查组织机构指派人员，在本级国防动员委员会办事机构人员的配合下，对相应的数据进行检查、调整和更新，使其始终保持最新状态。这种维护方法，通常是在本级办事机构人员已经准确掌握网信资源潜力信息变化情况时使用。它是一种对网信资源潜力数据信息局部范围内的维护与更新。

（三）定期核查

各级国防动员委员会办事机构根据维护规定，定期组织人员对相关数据与资料进行核查，查找管理问题，保持维护的经常性。定期核查是网信资源潜力数据维护的一种常用手段和方法，在各级网信资源潜力数据维护中都应普遍使用。

（四）系统更新

即根据国防动员委员会办事机构安排，组织专业技术人员对建立的动员数据库系统进行技术更新，使其运行更稳定、更快捷。这种维护主要是对储存网信资源潜力数据信息的计算机系统、储存设备或其他相关载体进行技术更新和表面维护，防止损坏、丢失，提高运行效率。

（五）对比检查

组织人员对记载动员潜力的电子与文字材料，以及对登记统计的数据和登记统计的原始记录进行对比分析，检查数据信息的可靠性。

（六）及时调整

建立网信资源潜力数据应急维护制度，根据所掌握的变化情况，及时组织人员对变化和丢失了的数据进行重新录入和调改。

三、维护内容

网信资源潜力调查数据维护是一种多方面的行动，应当对涉及网信资源潜力调查数据信息保管的全方位进行维护。

（一）存放场所的整理

主要是对保管场所的杂物清理、卫生打扫和相关设施、设备的更新，防止各种灾害隐患和网信资源潜力调查数据信息的损坏与丢失。

（二）登记统计资料的检查与维护

主要是对调查统计资料和储存数据的卡、表、册及电子设备等进行擦拭、检查，外表更新，登记统计数据与资料的完善等。

（三）技术更新

主要是对网信资源潜力调查数据库、动员潜力数据库、储存网信资源潜力的计算机制作系统等计算机软件进行检查与更新，提高相关软件系统的运行稳定性与运行效率。

（四）数据完善与调整

主要是对变化了的网信资源潜力数据信息进行必要的完善与调整，保持网信资源潜力数据信息的最新性与有效性。

四、维护要求

网信资源潜力调查数据维护具有极端重要性。在网信资源潜力调查数据维护中，应坚持专人负责、定期实施、资料完整、干净整洁。应定期组织人员清扫数据保存场所环境，保持环境的整洁，经常检查场所温度、湿度，及时进行通气换气，文字材料进行必要的晾晒，防止材料因虫害、潮湿而损坏。应定期组织人员上网进入动员潜力数据库进行核查，检查数据库系统运行情况、资料完整情况与数据准确情况。

第六章　网信资源潜力调查指标体系与评估模型

网信资源潜力调查是一项技术含量高、组织实施复杂的体系工程。为确保网信资源潜力调查可量化、可评估，非常有必要在设计好网信资源潜力调查内容和组织实施流程的基础上，进一步深化设计网信资源潜力调查指标体系与评估模型。

第一节　网信资源潜力调查指标体系

当前，随着科学技术的飞速发展，战争形态正加速由信息化向智能化演进，战场空间由传统的海陆空三维向海陆空天电网多维空间拓展，网信资源潜力调查数据直接服务于战争，必须紧盯战争形态演变和作战样式变化，紧跟经济社会发展的步伐，不断更新网信资源潜力调查指标体系，规范潜力调查数据标准，以满足战争动员需要。

一、构建网信资源潜力调查指标体系的基本考虑

网信资源潜力调查指标体系的构建，应当按照任务牵引、指标规范、落实有力的要求，充分考虑战略战役不同层次需求、行业领域分域分类、重点领域分类分片、科技领域分层分级，确保指标体系的科学性、典型性、可操作性。

（一）构建网信资源潜力调查指标体系应遵循的基本要求

构建网信资源潜力调查指标体系，具体应把握以下基本要求。

1. 遵守法律规定

应当根据国防动员法相关规定，构建一套规范的网信资源潜力调查指标体系，作为国家统计调查体系的分支和重要组成部分，纳入国家统计项

目范畴。相关指标的制定必须满足国防动员法及其配套规章的相关规定，确保调查指标的合法性。

2. 符合标准规范

要着眼战争发展、形势任务需求，符合军地客观实际，与时俱进地更新网信资源潜力调查指标体系，增强网信资源潜力调查指标的科学性。要融合军地两种标准。着眼军地衔接、标准一致、兼容发展、互促共进的要求，依据国家统计部门颁布的《国民经济行业分类》《统计产品分类目录》，以及中央国家机关和大型央（国）企的业内统计标准，科学合理地进行遴选、筛选、组合。

3. 满足军事需求

要结合军队各种参数需求，精细科学地设置网信资源潜力调查指标体系，实现军地潜力需求和潜力数据的互通互融、共建共享；要充分考虑军事需求，按需增补动员能力指标要素，确保潜力统计标准既遵从国家标准和行业规范，又符合军事需求和军用标准，实现互利共赢、良性互动。

4. 实现滚动更新

随着经济社会新行业、新经济、新业态、新模式不断发展壮大，各行业、各门类、各产业不断丰富完善，应着眼战场所需、市场所能，不断拓展网信资源潜力调查的范围和内容，更加注重有优势、技术强的行业和资源，突出服务备战打仗所需的高精尖新兴领域和新质力量，弥补网信动员体系短板，切实做到传统行业潜力调查统计全面细致，新兴领域潜力调查统计关键核心参数指标精准管用。

（二）网信资源潜力调查指标体系的基本构成（示例）

需要指出的是，网信资源潜力调查指标体系构建是一项体系工程，既要满足上述 4 条基本要求，还要结合不同任务、不同地域的实际情况进行合理制定。本书**仅从指标设计和支撑潜力评估的角度，基于互联网络公开的相关网信领域统计国家标准、分类规范和相关公开发表文献，遴选构建一套虚拟的网信资源潜力调查指标体系**，仅供学术研究探讨和方法示例，不作为实际潜力调查指标的构建依据。

如第2章所述，网信资源潜力调查内容的具体分类，可包括信息网络资源、信息数据资源、信息力量资源、网络安全资源、电磁频谱资源等5个大的方面，应遵循的依据主要有互联网络公开发布的“一个国标、四大分类、一套目录”与网信资源潜力相关的部分，分别是：一个国标，即《国民经济行业分类》（GB/T 4754—2017）；四大分类，即高技术产业（制造业）分类（2017）、高技术产业（服务业）分类（2018）、国家科技服务业统计分类（2018）、数字经济产业统计分类（2021）；一套目录，即国家统计局《统计用产品分类目录》（2010年版）。本部分试从上述“一个国标、四大分类、一套目录”及相关公开发表文献与网信资源潜力相关的部分指标中，以省级网信动员潜力评估为例，进一步遴选出有代表性的潜力调查指标，形成包括7个一级指标、14个二级指标、46个三级指标的网信资源潜力调查指标体系（示例版）。其基本考虑是，7个一级指标，以信息网络资源、信息数据资源、信息力量资源、网络安全资源、电磁频谱资源等5个方面作为基础，鉴于信息网络资源涵盖领域太大，进一步将其拓展为有线通信设施、无线通信设施、计算机软硬件设施等3个一级指标，再加上信息数据资源、信息力量资源、网络安全资源、电磁频谱资源等其他4个一级指标，共形成包含7个一级指标、14个二级指标、46个三级指标的网信资源潜力调查指标体系（示例版），如表6.1所列。

表6.1　网信资源潜力调查指标体系（示例版）

	一级指标	二级指标	三级指标
网信资源潜力调查指标体系	有线通信设施	光缆通信设施 B_1	光缆总长度 P_1
			光纤通信传输带宽 P_2
		其他有线通信设施 B_2	其他有线通信线缆总长度 P_3
			其他有线通信设施传输带宽 P_4
	无线通信设施	卫星通信设施 B_3	覆盖率 P_5
			持续覆盖时间 P_6
			传输带宽 P_7
			传输时延 P_8
		移动通信设施 B_4	覆盖率 P_9
			持续覆盖时间 P_{10}
			传输带宽 P_{11}
			传输时延 P_{12}
			信噪比 P_{13}

（续）

	一级指标	二级指标	三级指标
网信资源潜力调查指标体系	计算机软硬件设施	计算机硬件设施 B_5	计算机整机制造能力 P_{14}
			计算机零部件制造能力 P_{15}
			计算机外围设备制造能力 P_{16}
			工业控制计算机及系统制造能力 P_{17}
		计算机软件设施 B_6	基础软件开发能力 P_{18}
			支撑软件开发能力 P_{19}
			应用软件开发能力 P_{20}
	信息数据资源	信息获取能力 B_7	获取概率 P_{21}
			获取范围 P_{22}
			获取准确性 P_{23}
			获取时效性 P_{24}
		信息处理能力 B_8	信息融合能力 P_{25}
			信息分析能力 P_{26}
			信息存储能力 P_{27}
	信息力量资源	力量分布情况 B_9	网信机构数量 P_{28}
			网信企业数量 P_{29}
			网信科研院所数量 P_{30}
		人员作战能力 B_{10}	人员训练素质 P_{31}
			命令执行率 P_{32}
			人员在位率 P_{33}
	网络安全资源	抗毁抗干扰能力 B_{11}	应急通信保障率 P_{34}
			干扰规避能力 P_{35}
			业务恢复率 P_{36}
			系统备份满足度 P_{37}
			网络安全等级 P_{38}
		安全保密能力 B_{12}	用户身份识别率 P_{39}
			设备入网识别率 P_{40}
	电磁频谱资源	频谱台站能力 B_{13}	台站空间密度 P_{41}
			台站频域密度 P_{42}
		频谱资源能力 B_{14}	频段占用度 P_{43}
			最大连续频谱 P_{44}
			信道占用度 P_{45}
			技术效率 P_{46}

二、有线通信设施

(一) 光缆通信设施

1.【指标 P_1】光缆总长度

【指标含义】指本行政区域内光缆线路的总长度，该指标是本区域内光缆通信保障能力的重要参考

【计算方法】本行政区域内光缆线路（含干线+支线）的总长度

量纲：千米

2.【指标 P_2】光纤通信传输带宽

【指标含义】指本行政区域内光缆线路的平均传输带宽，该指标也是本区域内光缆通信保障能力的重要参考

【计算方法】本行政区域内光缆线路的平均传输带宽

量纲：Mbps

(二) 其他有线通信设施

1.【指标 P_3】其他有线通信线缆总长度

【指标含义】指本行政区域内除光缆外其他通信线缆的总长度，该指标是本区域内其他通信线缆保障能力的重要参考

【计算方法】本行政区域内除光缆外其他通信线缆的总长度

量纲：千米

2.【指标 P_4】其他有线通信设施传输带宽

【指标含义】指本行政区域内其他有线通信设施的平均传输带宽，该指标也是本区域内其他有线通信设施保障能力的重要参考

【计算方法】本行政区域内其他有线通信设施的平均传输带宽

量纲：Mbps

三、无线通信设施

（一）卫星通信设施

1.【指标 P_5】卫星通信覆盖率

【指标含义】指本地区卫星通信覆盖面积占本地区总面积的比值

【计算方法】本地区卫星通信覆盖面积/本地区总面积×100%

量纲：百分比

2.【指标 P_6】卫星通信持续覆盖时间

【指标含义】指本地区卫星通信能够持续不间断覆盖的时间

【计算方法】本地区卫星通信能够持续不间断覆盖的时间，通常用秒表示

量纲：秒

3.【指标 P_7】卫星通信传输带宽

【指标含义】本行政区域内卫星通信的平均传输带宽

【计算方法】本行政区域内卫星通信的平均传输带宽，通常用 Mbps 表示

量纲：Mbps

4.【指标 P_8】卫星通信传输时延

【指标含义】指卫星信号从发射到接收的时间

【计算方法】卫星信号从发射到接收的时间，通常用毫秒表示

量纲：毫秒

（二）移动通信设施

1.【指标 P_9】移动通信覆盖率

【指标含义】指本地区移动通信覆盖面积占本地区总面积的比值

【计算方法】本地区移动通信覆盖面积/本地区总面积×100%

量纲：百分比

2.【指标 P_{10}】移动通信持续覆盖时间

【指标含义】指本地区移动通信能够持续不间断覆盖的时间

【计算方法】本地区移动通信能够持续不间断覆盖的时间，通常用秒表示

量纲：秒

3.【指标 P_{11}】移动通信传输带宽

【指标含义】本行政区域内移动通信的平均传输带宽

【计算方法】本行政区域内移动通信的平均传输带宽，通常用 Mbps 表示

量纲：Mbps

4.【指标 P_{12}】移动通信传输时延

【指标含义】指移动信号从发射到接收的时间

【计算方法】信道长度/移动信号在信道上的传播时间，通常用毫秒表示

量纲：毫秒

5.【指标 P_{13}】移动通信信噪比

【指标含义】指接收移动信号的载波功率与接收机接收端的系统噪声功率之比

【计算方法】接收移动信号的载波功率/接收机接收端的系统噪声功率×100%

量纲：百分比

四、计算机软硬件设施

（一）计算机硬件设施

1.【指标 P_{14}】计算机整机制造能力

【指标含义】辖区内单位时间可制造计算机整机的能力，该指标可反映计算机整机的制造规模

【计算方法】辖区内单位时间可制造计算机整机的数量

量纲：台

2.【指标 P_{15}】计算机零部件制造能力

【指标含义】辖区内单位时间可制造内存、板卡、硬盘、电源、机箱、显示器等计算机零部件的能力，该指标可反映计算机零部件的制造规模

【计算方法】辖区内单位时间可制造内存、板卡、硬盘、电源、机箱、显示器等计算机零部件的数量

量纲：件

3.【指标 P_{16}】计算机外围设备制造能力

【指标含义】辖区内单位时间可制造计算机外围设备的能力，该指标可反映计算机外围设备的制造规模

【计算方法】辖区内单位时间可制造计算机外围设备的数量

量纲：件

4.【指标 P_{17}】工业控制计算机及系统制造能力

【指标含义】辖区内单位时间可制造工业控制计算机的能力，该指标可反映工业控制计算机的制造规模

【计算方法】辖区内单位时间可制造工业控制计算机的数量

量纲：台

（二）计算机软件设施

1.【指标 P_{18}】基础软件开发能力

【指标含义】辖区内单位时间可开发操作系统、数据库、中间件、各类固件等基础软件的能力，该指标可反映基础软件开发水平

【计算方法】辖区内单位时间可开发操作系统、数据库、中间件、各类固件等基础软件的数量

量纲：套

2.【指标 P_{19}】支撑软件开发能力

【指标含义】辖区内单位时间可开发集成环境、测试工具软件等支撑软件的能力，该指标可反映支撑软件开发水平

【计算方法】辖区内单位时间可开发集成环境、测试工具软件等支撑

软件的数量

量纲：套

3.【指标 P_{20}】应用软件开发能力

【指标含义】辖区内单位时间可开发通用软件、工业软件、行业软件、嵌入式应用软件等应用软件的能力，该指标可反映应用软件开发水平

【计算方法】辖区内单位时间可开发通用软件、工业软件、行业软件、嵌入式应用软件等应用软件的数量

量纲：套

五、信息数据资源

（一）信息获取能力

1.【指标 P_{21}】信息获取概率

【指标含义】网系在一定范围内能够获取目标信息的概率

【计算方法】网系在一定范围内获取目标信息成功的次数/侦测目标信息的总次数×100%

量纲：百分比

2.【指标 P_{22}】信息获取范围

【指标含义】网系能够获取信息的种类占所有信息种类的比值

【计算方法】网系能够获取信息的种类数量/所有信息种类数量×100%

量纲：百分比

3.【指标 P_{23}】信息获取准确性

【指标含义】网系获取用户满意信息种类占所有信息种类的比值

【计算方法】网系获取用户满意信息种类数量/所有信息种类数量×100%

量纲：百分比

4.【指标 P_{24}】信息获取时效性

【指标含义】网系能够获取所需信息所需的平均时间

【计算方法】网系能够获取所需信息的总时间/所有信息种类数量×

100%

量纲：百分比

（二）信息处理能力

1.【指标 P_{25}】信息融合能力

【指标含义】将网系获取的信息进行分类综合后存放到相应的数据库中的能力

【计算方法】获取信息入库数量种类/所有信息种类数量×100%

量纲：百分比

2.【指标 P_{26}】信息分析能力

【指标含义】分析信息所含内容，进一步判断信息的可靠度、重要程度、紧急程度和价值的能力

【计算方法】能够分析的信息种类数量/所有信息种类数量×100%

量纲：百分比

3.【指标 P_{27}】信息存储能力

【指标含义】将有价值的信息以相应格式进行存储的能力

【计算方法】辖区内所有数据服务器的存储容量之和

量纲：GB

六、信息力量资源

（一）力量分布情况

1.【指标 P_{28}】网信机构数量

指标含义：辖区内网信相关职能机构的分布情况

计算方法：辖区内各级网信相关职能机构的数量总和

量纲：个

2.【指标 P_{29}】网信企业数量

指标含义：辖区内网信企业的分布情况，该指标能够反映辖区内网信企业的规模

计算方法：辖区内所有网信企业的数量总和

量纲：个

3.【指标 P_{30}】网信科研院所数量

指标定义：辖区内网信科研院所的分布情况，该指标能够反映辖区内网信科研院所的规模

计算方法：辖区内所有网信科研院所的数量总和

量纲：个

（二）人员作战能力

1.【指标 P_{31}】人员训练素质

指标定义：反映网信领域相关人员训练情况的基础性指标

计算方法：参加过网信征召训练的人数/所有适龄征召人数×100%

量纲：百分比

2.【指标 P_{32}】命令执行率

指标定义：反映网信领域相关人员命令执行情况的基础性指标

计算方法：执行命令的人数/所有适龄征召人数×100%

量纲：百分比

3.【指标 P_{33}】人员在位率

指标定义：反映网信领域相关人员在位情况的基础性指标

计算方法：在位的人数/所有适龄征召人数×100%

量纲：百分比

七、网络安全资源

（一）抗毁抗干扰能力

1.【指标 P_{34}】应急通信保障率

【指标含义】干扰环境下能够保障通信的重要用户所占的比例

【计算方法】能够保障通信的用户数量/要求保障通信的用户总数量×100%

量纲：百分比

2.【指标 P_{35}】干扰规避能力

【指标含义】能够成功规避敌方干扰的能力

【计算方法】能够成功规避敌方干扰的次数/已知的敌方干扰的总次数×100%

量纲：百分比

3.【指标 P_{36}】业务恢复率

【指标含义】在干扰或者毁伤情况下网系业务的恢复情况

【计算方法】网系实际业务恢复数量/干扰或毁伤情况下网系所需恢复的业务数量×100%

量纲：百分比

4.【指标 P_{37}】系统备份满足度

【指标含义】在干扰或者毁伤情况下系统备份的满足程度

【计算方法】系统实际备份数量/干扰毁伤情况下所需的系统备份数量×100%

量纲：百分比

5.【指标 P_{38}】网络安全等级

【指标含义】系统能够达到的安全等级

【计算方法】根据 GJB 5612 标准规定的五级安全等级体系确定

量纲：1~5 级

（二）安全保密能力

1.【指标 P_{39}】用户身份识别率

【指标含义】可通过通信系统接入网络的用户身份识别情况

【计算方法】能够识别并允许接入的用户数量/任务所需接入的用户数量总数×100%

量纲：百分比

2.【指标 P_{40}】设备入网识别率

【指标含义】能够识别的设备在全部入网设备中所占的比例

【计算方法】能够进行识别的设备数量/入网设备总数量×100%

量纲：百分比

八、电磁频谱资源

（一）频谱台站能力

1.【指标 P_{41}】台站空间密度

【指标含义】辖区内每万平方千米电磁频谱台站数量，该指标可反映该地区电磁频谱台站的部署规模

【计算方法】辖区内电磁频谱台站数量与辖区面积之比

量纲：个/万平方千米

2.【指标 P_{42}】台站频域密度

【指标含义】单位频段内电磁频谱台站的数量，该指标可反映该频段内电磁频谱台站的分布情况及频谱资源拥挤程度

【计算方法】单位频段内电磁频谱台站数量与频谱带宽之比

量纲：个/MHz

（二）频谱资源能力

1.【指标 P_{43}】频段占用度

【指标含义】频段内占用的总信道比例

【计算方法】频段内被占用的信道宽度/频段总宽度×100%

量纲：百分比

2.【指标 P_{44}】最大连续频谱

【指标含义】频谱监测站的监测频段带宽占军事行动所需监测频段带宽的比值，该指标可反映频谱监测站的监测频段覆盖能力

【计算方法】辖区内所有频谱监测站的平均监测频段带宽与军事行动所需监测频段带宽的比值

量纲：百分比

3.【指标 P_{45}】信道占用度

【指标含义】描述频段内信号的离散程度

【计算方法】频段内空闲的最大连续频谱宽度

量纲：MHz

4.【指标 P_{46}】技术效率

【指标含义】从技术角度说明频谱的利用效率

【计算方法】单位频段单位时间传递的有效信息量

量纲：b/(MHz · s)

第二节　网信资源潜力调查评估模型

指标确定之后，需要明确的另一个重要问题是如何对这些指标获取的数据进行处理，建立科学的模型和算法，从而得出客观的评估结论。本部分基于上节提出的网信资源潜力调查指标体系，提出评估模型和指标参数赋值方法，对省域网信资源潜力指数进行综合加权的模拟计算，得出省域网信资源潜力评估的模拟分值。为保持与潜力分布和结合的总体统一，潜力指数采用百分制。具体评估模型设计包括以下环节。

一、确定指标权重的方法

在网信资源潜力调查指标中，由于每个评估指标与同一类别中的其他指标相比，其作用、地位和影响力不尽相同，必须根据每个指标的重要性程度赋予不同的权重。权重反映了各个指标在“指标集”中的重要性程度，指标的权重直接关系这一指标对总体的“贡献性”大小。根据计算权重时原始数据的不同来源，确定指标权重的方法可分为客观赋值法和主观赋值法两大类。客观赋值法，即计算权重的原始数据由各评估指标在被评估过程中的实际数据得到，如均方差法、主成分分析法、熵值法、代表计算法等。主观赋值法，即计算权重的原始数据主要由评估者根据经验主观判断得到，如主观加权法、专家调查法、层次分析法、比较加权法、多元分析法、模糊统计法等。这两类方法各有优缺点。主观赋值法客观性较差，但解释性强；客观赋值法确定的权重在大多数情况下精度较高，但有时会与实际情况相悖，而且解释性较差，对所得到的结果难以给出明确的解释。因此，在本书中，我们给出属于主观赋值法的“分层熵值赋权法”，它是一种定性分析与定量分析相结合的权重系数结构分析方法，其基本思想是，将德尔菲专家调查法与模糊分析法相结合，用熵理论对权重排序结构定量化分析。通过分析系统的指标及其相互关系，将其分解为若干个互不相同的层次结构，并针对同一层次各指标的相对重要性排序结构，确定出每一层次同类指标重要程度数值，即指标的权重。

（一）确定权重的“分层熵值赋权法”

具体步骤如下。

1. 采集专家意见

用“德尔菲法”采集专家意见，首先拟定指标权重定性排序的“专家意见调查表”，按照“德尔菲法”规定的程序和要求，向若干专家进行问卷调查。专家组成员应具有代表性、权威性和公正性，要特别注意从网信领域密切相关的技术专家、军事专家以及装备管理人员中选择。专家独立地对评估指标集重要性“排序”作出定性判断。通过征询和反馈，最终形成“排序”意见，即“典型排序”。

2. 对“专家意见”“盲度”分析

专家“典型排序”意见往往会因为数据“噪声”，产生潜在的偏差和数据的不确定性。为消除“噪声”数据和不确定性，需要在网信资源潜力调查指标权重专家调查表定性判断基础上，再进行“结构熵权”统计分析与处理。具体方法如下。

设有 k 个专家参加咨询调查，得到咨询表有 k 张，对于每一张表，对应一个指标集，记为 $U=\{u_1,u_2,\cdots,u_n\}$。指标集对应的排序数组，记作 $(a_{i1},a_{i2},\cdots,a_{in})$，由 k 张表获得的排序矩阵记为 $\boldsymbol{A}$ （$\boldsymbol{A}=(a_{ij})_{k\times n},i=1,2,\cdots,k$；$j=1,2,\cdots,n$），其中 a_{ij} 表示第 i 个专家对第 j 个指标 u_j 的评价。a_{i1}，$a_{i2},\cdots,a_{in}$ 取 $1,2,\cdots,n$ 数中的任意一个数，比如，需要对 6 个指标排序，则 $a_{i1},a_{i2},\cdots,a_{in}$ 中的 $n=6$。

对上述“典型排序”进行定量转化，定义定性排序转化的隶属函数为

$$\mu(I)=\frac{\ln(m-I)}{\ln(m-1)} \tag{6.1}$$

式中：I 为专家按照“典型排序”的格式对某个指标评议给出的定性排序数，若认为指标 A、B、C、D、E、F 六个指标中 A 选择处于“第一选择”，则 I 取值为 1，如果认为是“第二选择”，I 取值则为 2，依此类推。

这里 μ 是定义在[0,1]上的变量，$\mu(I)$ 为 I 的对应函数值，$I=1,2,\cdots,j,j+1$。j 为实际最大顺序号，例如，6 个指标参加排序，则最大顺序号取值为 6。m 为转化参数量，取 $m=j+2$，又如，当 $j=6$ 时，$m=8$。

将排序数 $I=a_{ij}$ 代入其隶属函数 $\mu(I)$ 中，可得 a_{ij} 定量转化值 b_{ij}（$\mu(a_{ij})=b_{ij}$），b_{ij} 称为排序数 I 的隶属度。矩阵 $\boldsymbol{B}=(b_{ij})_{k\times n}$ 称为隶属度矩阵。计算 k 个专家对指标 j 的一致性"看法"，称为平均认识度，记作 b_i，令

$$b_j=(b_{1j}+b_{2j}\cdots+b_{kj})/k \tag{6.2}$$

定义专家 z_i 对因素 u_j 认识的隐含不确定性，称为盲度，记作 Q_j，令

$$Q_j=\max(b_{1j},b_{2j},\cdots,b_{kj})-b_j \tag{6.3}$$

对每一个因素 u_j，定义 k 个专家（全体）关于 u_j 的总体认识度，记作 x_j，计算

$$x_j=b_j(1-Q_j) \tag{6.4}$$

由 x_j 即得到 k 个专家全体对因素 u_j 的评价向量 $\boldsymbol{X}=(x_1,x_2,\cdots,x_n)$。

3. 归一化处理

为得到指标 u_j 的权重，对 $x_j=b_j(1-Q_j)$ 归一化处理。

令

$$\alpha_j=\frac{x_j}{\sum\limits_{i=1}^{m}x_j} \tag{6.5}$$

显然，满足 $\alpha_j(j=1,2,\cdots,n)>0$，且 $\sum\limits_{j=1}^{n}\alpha_j=1$。$(\alpha_1,\alpha_2,\cdots,\alpha_n)$ 即为 k 个"专家意见"对因素集 $U=\{u_1,u_2,\cdots,u_n\}$ 一致性整体判断，它符合 k 个专家群体意愿。$\boldsymbol{W}=\{\alpha_1,\alpha_2,\cdots,\alpha_n\}$ 即称为因素集 $U=\{u_1,u_2,\cdots,u_n\}$ 的权向量。

（二）"分层熵值赋权法"的算法及其实现

上面我们给出了权重确定的"分层熵值赋权法"的具体算法，基于科学可信的理由如下。

1."隶属函数"的确定科学可信

在模糊数学中突出强调的是隶属函数的确定，权重算法中隶属函数的准确性直接影响"分层熵值赋权法"的科学性。这里采用"熵"对"典型排序"意见所产生的不确定性进行测量，令 $\mu(I)=-\lambda\ln(m-I)$ 的熵值是

“典型排序”定性排序定量转化的隶属函数值，I 为定性排序数，m 为转化参数量，λ 为待定系数，由于 m 与最大顺序号有关，因此取 $\lambda=-1/\ln(m-1)$，显然，$0\leqslant\mu(I)\leqslant1$。因此可以将 $\mu(I)=\dfrac{\ln(m-I)}{\ln(m-1)}$定义为隶属函数。

2.“典型排序”统计数据科学可靠

“典型排序”是通过采用“德尔菲法”，完成“专家意见形成—统计反馈—意见调整”这样一个多次与专家交互的循环互动的过程，它充分发挥了信息反馈和信息控制的作用。给出的专家个体定性判断结果具有“德尔菲法”意义的收敛性，因此，是群决策的一致性判断。

3.“结构熵权”的定量转化过程具有收敛性

采用熵理论建立模糊集的隶属函数，并进行“盲度”分析，剔除了专家对于因素在“典型排序”阶段认识上隐含的不确定性，能使专家意见趋于集中。通过求 k 个专家的“平均认识度” b_j，求专家 z_i对因素 u_j的“盲度” Q_j，计算 k 个专家关于指标 u_j的“总体认识度” x_j，使之收敛为一个值，这样就撇弃了“典型排序”定性分析专家意见隐含“噪声”数据的弊端，使意见具有“一致性”收敛特性。

（三）网信资源潜力调查指标的权重分析

按照“分层熵值赋权法”要求，可从军地选取 60 位专家进行问卷调查，对有线通信设施、无线通信设施、计算机软硬件设施、信息数据资源、信息力量资源、网络安全资源、电磁频谱资源等 7 个一级指标和 14 个二级指标进行问卷调查，采集到的“专家意见”“典型排序”统计结果如表 6.2 所列。

表 6.2　网信资源潜力评估一级指标典型排序专家意见一览表

指　标	有线通信设施	无线通信设施	计算机软硬件设施	信息数据资源	信息力量资源	网络安全资源	电磁频谱资源
第一	35	46	25	7	9	15	6
第二	10	12	17	20	18	14	4
第三	9	0	12	10	8	12	13
第四	3	1	1	10	12	5	10

（续）

指　标	有线通信设施	无线通信设施	计算机软硬件设施	信息数据资源	信息力量资源	网络安全资源	电磁频谱资源
第五	0	1	3	8	12	6	2
第六	5	0	2	2	1	7	8
第七	0	0	0	3	0	1	17

按照“分层熵值赋权法”对60个样本进行数据处理，求一级指标的权重。具体步骤如下。

第一步：对60个数据样本求一级水平指标的平均认识度。

第二步：求一级水平指标的盲度、总体认识度。

第三步：归一化处理得到指标的权重，见表6.3。

表6.3　网信资源潜力评估一级指标权重结构熵权分析一览表

指　标	有线通信设施	无线通信设施	计算机软硬件设施	信息数据资源	信息力量资源	网络安全资源	电磁频谱资源
平均认识度	0.9655	0.9807	0.9237	0.8602	0.8749	0.8492	0.7379
盲度	0.0345	0.0193	0.0763	0.1398	0.1251	0.1508	0.2621
总体认识度	0.9321	0.9618	0.8532	0.7399	0.7654	0.7211	0.5445
权重	0.1618	0.1842	0.1623	0.1306	0.1382	0.1356	0.0873

用“分层熵值赋权法”对二级指标权重进行逐项分析计算，过程同上。例如，对“网络安全资源”一级指标下的2个二级指标“抗毁抗干扰能力、安全保密能力”进行问卷调查，采集到的专家意见见表6.4。

表6.4　“网络安全和信息通信资源”的二级指标典型排序专家意见统计表

指　标	抗毁抗干扰能力	安全保密能力
第一	2	4
第二	20	23
第三	13	9
第四	18	14
第五	7	10

对60个样本进行数据处理，求得“网络安全资源”下一级指标的平均认识度、盲度、总体认识度和权重，见表6.5。

表6.5 “网络安全和信息通信资源”下一级指标权重层次熵值分析一览表

指　　标	抗毁抗干扰能力	安全保密能力
平均认识度	0.7101	0.6768
盲度	0.2899	0.3232
总体认识度	0.5043	0.4580
权重	0.0678	0.0678

同理，得到其他二级指标的权重，以及三级指标的权重。由此得出网信资源潜力评估一级、二级、三级指标的所有权重，详见表6.6。

表6.6 网信资源潜力调查指标权重一览表

一级指标	权重	二级指标	权重	三级指标	权重
有线通信设施	0.1618	光缆通信设施 B_1	0.0809	光缆总长度 P_1	0.04045
				光纤通信传输带宽 P_2	0.04045
		其他有线通信设施 B_2	0.0809	其他有线通信线缆总长度 P_3	0.04045
				其他有线通信设施传输带宽 P_4	0.04045
无线通信设施	0.1842	卫星通信设施 B_3	0.0921	覆盖率 P_5	0.023025
				持续覆盖时间 P_6	0.023025
				传输带宽 P_7	0.023025
				传输时延 P_8	0.023025
		移动通信设施 B_4	0.0921	覆盖率 P_9	0.02763
				持续覆盖时间 P_{10}	0.02763
				传输带宽 P_{11}	0.01842
				传输时延 P_{12}	0.00921
				信噪比 P_{13}	0.00921

（续）

一级指标	权重	二级指标	权重	三级指标	权重
计算机软硬件设施	0.1623	计算机硬件设施 B_5	0.08115	计算机整机制造能力 P_{14}	0.0202875
				计算机零部件制造能力 P_{15}	0.0202875
				计算机外围设备制造能力 P_{16}	0.0202875
				工业控制计算机及系统制造能力 P_{17}	0.0202875
		计算机软件设施 B_6	0.08115	基础软件开发能力 P_{18}	0.024345
				支撑软件开发能力 P_{19}	0.03246
				应用软件开发能力 P_{20}	0.024345
信息数据资源	0.1306	信息获取能力 B_7	0.0653	获取概率 P_{21}	0.016325
				获取范围 P_{22}	0.016325
				获取准确性 P_{23}	0.016325
				获取时效性 P_{24}	0.016325
		信息处理能力 B_8	0.0653	信息融合能力 P_{25}	0.02612
				信息分析能力 P_{26}	0.01959
				信息存储能力 P_{27}	0.01959
信息力量资源	0.1382	力量分布情况 B_9	0.0691	网信机构数量 P_{28}	0.02073
				网信企业数量 P_{29}	0.02073
				网信科研院所数量 P_{30}	0.02764
		人员作战能力 B_{10}	0.0691	人员训练素质 P_{31}	0.024185
				命令执行率 P_{32}	0.024185
				人员在位率 P_{33}	0.02073
网络安全资源	0.1356	抗毁抗干扰能力 B_{11}	0.0678	应急通信保障率 P_{34}	0.01356
				干扰规避能力 P_{35}	0.01356
				业务恢复率 P_{36}	0.01356
				系统备份满足度 P_{37}	0.01356
				网络安全等级 P_{38}	0.01356
		安全保密能力 B_{12}	0.0678	用户身份识别率 P_{39}	0.0339
				设备入网识别率 P_{40}	0.0339

（续）

一级指标	权重	二级指标	权重	三级指标	权重
电磁频谱资源	0. 0873	频谱台站能力 B_{13}	0. 04365	台站空间密度 P_{41}	0. 021825
				台站频域密度 P_{42}	0. 021825
		频谱资源能力 B_{14}	0. 04365	频段占用度 P_{43}	0. 013095
				最大连续频谱 P_{44}	0. 013095
				信道占用度 P_{45}	0. 00873
				技术效率 P_{46}	0. 00873

二、指标的综合数据集成

数据集成即是对于同一层次上分散的数据集成为一个综合数据的过程。数据集成应根据指标的递阶结构关系，从最末级指标开始求取属于上一级指标的隶属度（即进行数据集成），然后按照逐级递进的方向求取上一级指标的隶属度。例如，欲求“计算机硬件设施”（B_5）能力的测量值，首先分别求“计算机整机制造能力”（P_{14}）、“计算机零部件制造能力”（P_{15}）、“计算机外围设备制造能力”（P_{16}）“工业控制计算机及系统制造能力”（P_{17}）的指标测量值，然后选择合适的数学模型进行数据集成，才能得到“计算机硬件设施”（B_5）的测量值。但是，这里首先应针对指标属性进行分析，即在对指标的概念层进行属性分析、泛结构分析和物理结构分析的基础上进行归一化处理，统一化成无量纲的评估矩阵，然后再进行指标属性数据的综合集成。

具体算法步骤如下。

第一步：无量纲化处理

无量纲化处理，即当各个指标属性的单位不一致时，必须消去量纲，对各种属性评估值进行数据处理的过程。具体方法是：

记指标集为 Z，$\boldsymbol{X}=[x_{ij}]_{m\times n}$ 为评估矩阵。通常评估矩阵有三种类型，即效益型（Ω_1）、成本型（Ω_2）和模糊型（Ω_3）。效益型指标值越大越好，成本型指标值越小越好，模糊型指标值则落在某一特定的模糊区间$[A,B]$为好。

令 $Z=\cup_{i=1}^{3}\Omega_i$，且 $\Omega_i\cap\Omega_j=\varnothing(i,j=1,2,3;i\neq j)$

考虑到指标集 Z 中具有不同的量纲、不同类型和不同的物理意义，需

要对评估矩阵 $\boldsymbol{X}$ 进行无量纲化处理。记第 i 个被评估对象关于第 j 个指标的评估最大值、最小值分别为

$$Z_{\max}=\max\{x_{ij}\},\ Z_{\min}=\min\{x_{ij}\}\ (i=1,2,\cdots,m;j=1,2,\cdots,n)$$

以下分三种情况讨论：

（1）若 $x_{ij}\in\Omega_1$，则 a_{ij}对应的转换系数为

$$m_{ij}=\frac{x_{ij}-Z_{\min}}{|Z_{\min}|} \tag{6.6}$$

（2）若 $x_{ij}\in\Omega_2$，则 a_{ij}对应的转化系数为

$$m_{ij}=\frac{Z_{\max}-x_{ij}}{|Z_{\max}|} \tag{6.7}$$

（3）若 $x_{ij}\in\Omega_3$，其模糊区间为 $[A,B]$，则当：

① $x_{ij}<A$，对应的转换系数为

$$m_{ij}=\frac{x_{ij}-A}{|A|} \tag{6.8.1}$$

② $x_{ij}>B$，对应的转换系数为

$$m_{ij}=\frac{B-x_{ij}}{|B|} \tag{6.8.2}$$

③ $A<x_{ij}<B$，对应的转换系数为

$$m_{ij}=\frac{A+B-x_{ij}}{|A+B|} \tag{6.8.3}$$

显然，转换系数 m_{ij}反映了对第 i 个被评估对象、第 j 个指标与最大最小值间的差异程度。

第二步：归一化处理

对指标属性值 m_{ij}进行归一化处理，令

$$a_{ij}=\frac{m_{ij}}{\sum\limits_{i=1}^{k}m_{ij}}$$

所以，

$$\boldsymbol{T}_i=\left[\frac{m_{i1}}{\sum\limits_{j=1}^{k}m_{ij}},\quad \frac{m_{i2}}{\sum\limits_{j=1}^{k}m_{ij}},\quad \cdots,\quad \frac{m_{it}}{\sum\limits_{j=1}^{k}m_{ij}}\right]^{\mathrm{T}} \tag{6.9}$$

$$=[a_{i1},a_{i2},\cdots,a_{ik}]^{\mathrm{T}}\quad (i=1,2,\cdots,n)$$

式中：a_{ij}为对第 i 个被评估对象、第 j 个“水平描述指标”的相对评价值。

矩阵 $\boldsymbol{T}$ 中的元素均是经过无量纲化处理，且满足“归一化”要求的数据，称为归一化矩阵，

$$\boldsymbol{T}=\begin{bmatrix} a_{11} & a_{12} & \cdots & a_{1n} \\ a_{21} & a_{22} & \cdots & a_{2n} \\ \cdots & \cdots & \cdots & \cdots \\ a_{m1} & a_{m2} & \cdots & a_{mn} \end{bmatrix} \tag{6.10}$$

第三步：综合评估

这里应根据研究问题的需要和不同的评估要求，针对指标的递阶结构，选择合适指标测量值的集成模型，以便快捷、高效地进行计算。下面给出两类评估模型。

（一）模型 1：基于集值统计的信息熵综合评估

在信息论中，对被传送的信息进行度量所采用的一种平均值称为信息源熵。在信息学中，“熵”解释为“失去的信息”。“熵”是系统微观混乱程度的量度，或是无序的量度。这里，为刻画“评价数据”集成过程中的不确定性，首先定义“评价信息熵”的概念。“评价信息熵”是“评价数据”系统中，对评估信息中不确定性的一种度量。

基于集值统计的信息熵模型，正是在对“评价数据”样本采取集值统计方法处理的基础上，建立评价信息熵，由熵的特性，熵值越小越好。其基本算法如下。

设 A 为一级指标集，$A=\{A_1,A_2,A_3,A_4\}$，$W=\{\alpha_1,\alpha_2,\alpha_3,\alpha_4\}$ 为对应的权重集（权重确定的方法见上文）；U 为二级指标集，$U=\{u_{11},u_{12},\cdots,u_{41},u_{42},\cdots,u_{44}\}$，$W'=\{\alpha_{11},\alpha_{12},\cdots,\alpha_{41},\alpha_{42},\cdots,\alpha_{44}\}$ 为对应的权重集，$V\{1,2,\cdots,k\}$ 为评估对象集，对评估矩阵 $\boldsymbol{A}$ 元素归一化处理，得归一化矩阵记为 $\boldsymbol{T}$，在矩阵 $\boldsymbol{T}$ 中第 i 个评估对象的评估向量 $\boldsymbol{E}_{ix}$ 是归一化向量，即

$$\overline{\boldsymbol{E}}_{ix}=\left[\frac{a_{i11}}{\sum\limits_{j=1} a_{ij}},\quad \frac{a_{i12}}{\sum\limits_{j=1} a_{ij}},\quad \cdots,\quad \frac{a_{i44}}{\sum\limits_{j=1} a_{ij}}\right]^{\mathrm{T}}$$

$$=[\beta_{i1}^1,\beta_{i2}^1,\beta_{i3}^1,\cdots,\beta_{i1}^4,\beta_{i2}^4,\cdots,\beta_{i4}^4]^{\mathrm{T}} \quad (i=1,2,\cdots,k)$$

计算加权熵：

$$\boldsymbol{E}_{ix} = -K\sum_{j=1}\left[(\alpha_{ij}\beta_{ij}^{s})\ln(\alpha_{ij}\beta_{ij}^{s})\right] \quad (i = 1,2,\cdots,k) \tag{6.11}$$

计算复合权熵：

$$E_{i} = -K\sum_{s=1}^{4}\alpha_{s}\sum_{j=1}\left[(\alpha_{ij}\beta_{ij}^{s})\ln(\alpha_{ij}\beta_{ij}^{s})\right] \quad (i = 1,2,\cdots,k)$$

定义 $E_i(i=1,2,\cdots,k)$ 为指标评估表中第 i 个被评估对象的综合评估值。复合权熵值越小，不确定性就越少，即评估结果的准确性就越高，可信度也越高。评估值 E_i 越大，评价结果就越好。

（二）模型 2：基于系统有效性分析的“云”综合评估

系统有效性分析（SEA），是通过把系统的“典型能力”与“使命要求”在同一公共属性之间进行比较，得到有效性评定的若干参量。适当组合这些参量，最终得到对系统总的评估。基于系统有效性分析的“云”模型，是运用 SEA 方法中的系统映射，通过系统的实际运行来描述，并通过考核系统运行反馈的指标，适当组合参量，作为评价问题的基本属性。云理论是用“超熵”来测量系统的不确定性。本书建立的“基于系统有效性分析的云模型”，是将 SEA 法与云理论中“超熵”算法有机融合，给出的综合评估数据处理的方法。

其算法步骤如下。

设 $\boldsymbol{X}=[x_{ij}]_{m\times n}$ 为经“系统有效性分析”基本属性值归一化处理后构成的评价矩阵，x_{ij} 为评价矩阵 $\boldsymbol{X}$ 经过归一化处理后的数值型评估值。

步骤 1：生成以 E_{xj} 为期望值、E_n 为方差的正态随机数 x_j。

期望值：

$$E_{xj} = \sum_{i=1}^{n} x_{ij}p_{i} = \sum_{i=1}^{n}\frac{x_{ij}}{n} \tag{6.12}$$

期望值 E_{xj} 标定了“云重心”的位置，也反映了模糊概念的信息中心值。当中心值是一个区间值时，则这是一个钟形云。

熵定义为

$$E_{in} = -\sum_{j=1}^{m}E_{xj}\ln E_{xj} \tag{6.13}$$

熵 E_{in} 用于度量定性概念的亦此亦彼性，反映其模糊性，是对信息不确定性的度量，熵 E_{in} 的大小直接决定了在论域中可被模糊概念所接受的范围。

定义正态随机数：

$$x_i = -\exp\frac{x_{ij}-E_{xj}}{2(E_{in})^2} \tag{6.14}$$

步骤 2：生成以 E_{in} 为期望值、超熵 H_e 为方差的正态随机数 E'_{iN}。

由超熵 H_{ie} 的定义，$H_{ie}=-E_{in}\ln E_{in}$。超熵 H_{ie} 反映了数值隶属定性概念的随机程度或云的离散程度，也间接地反映了“云”的厚度，即熵 E_{in} 的不确定性。

求正态随机数，令

$$E'_{iN} = -\exp\frac{x_i-E_{in}}{2(H_e)^2} \tag{6.15}$$

步骤 3：求综合评估值 E_i。

令

$$E_i = 1-\left[-\exp\frac{x_i-E_{xj}}{2(E'_{iN})^2}\right] \tag{6.16}$$

其中，$x_i=-\exp\dfrac{x_{ij}-E_{xj}}{2(E_{in})^2}$。

定义 $E_i(i=1,2,\cdots,k)$ 为指标评估表中第 i 个被评估对象的综合评估值，它是超熵 H_e 的正态随机数，熵值越小，E'_N 的值就越小，综合评估值 $E_i(i=1,2,\cdots,k)$ 就越大，反之不然。

三、指标评估的案例分析

在网信资源潜力指数评估中，由于被评估对象不同，评估内容不同，指标的属性结构和类型不同，要转换成能够统一处理的值，必须在对属性结构类型分析和有效性分析的基础上，实现定性定量转化数据综合和归一化处理。按照“模型 1”的算法对评估对象综合评估，具体方法如下。

第一步：建立三级指标的评估公式

根据各二级指标的含义，计算公式见“本地区网信资源潜力指数主要指标”中的计算方法。

第二步：指标属性的泛性分析

假设有 5 位专家参加评估，根据给出的指标含义与评估公式，首先对评估指标属性进行泛性分析。针对指标属性的不同，建立与其数据表达形式相适应的系统映射，其示例见表6.7。

表6.7　某地区网信资源潜力评估数据示例表

变量名	指标名称	评估数据（专家评估数据）				
		对象1	对象2	对象3	对象4	对象5
P_1	光缆总长度	×	×	×	×	×
P_2	光纤通信传输带宽	×	×	×	×	×
P_3	其他有线通信线缆总长度	×	×	×	×	×
P_4	其他有线通信设施传输带宽	×	×	×	×	×
P_5	覆盖率	×	×	×	×	×
P_6	持续覆盖时间	×	×	×	×	×
P_7	传输带宽	×	×	×	×	×
P_8	传输时延	×	×	×	×	×
P_9	覆盖率	×	×	×	×	×
P_{10}	持续覆盖时间	×	×	×	×	×
P_{11}	传输带宽	×	×	×	×	×
P_{12}	传输时延	×	×	×	×	×
P_{13}	信噪比	×	×	×	×	×
P_{14}	计算机整机制造能力	×	×	×	×	×
P_{15}	计算机零部件制造能力	×	×	×	×	×
P_{16}	计算机外围设备制造能力	×	×	×	×	×
P_{17}	工业控制计算机及系统制造能力	×	×	×	×	×
P_{18}	基础软件开发能力	×	×	×	×	×
P_{19}	支撑软件开发能力	×	×	×	×	×
P_{20}	应用软件开发能力	×	×	×	×	×
P_{21}	获取概率	×	×	×	×	×

（续）

变量名	指标名称	评估数据（专家评估数据）				
		对象 1	对象 2	对象 3	对象 4	对象 5
P_{22}	获取范围	×	×	×	×	×
P_{23}	获取准确性	×	×	×	×	×
P_{24}	获取时效性	×	×	×	×	×
P_{25}	信息融合能力	×	×	×	×	×
P_{26}	信息分析能力	×	×	×	×	×
P_{27}	信息存储能力	×	×	×	×	×
P_{28}	网信机构数量	×	×	×	×	×
P_{29}	网信企业数量	×	×	×	×	×
P_{30}	网信科研院所数量	×	×	×	×	×
P_{31}	人员训练素质	×	×	×	×	×
P_{32}	命令执行率	×	×	×	×	×
P_{33}	人员在位率	×	×	×	×	×
P_{34}	应急通信保障率	×	×	×	×	×
P_{35}	干扰规避能力	×	×	×	×	×
P_{36}	业务恢复率	×	×	×	×	×
P_{37}	系统备份满足度	×	×	×	×	×
P_{38}	网络安全等级	×	×	×	×	×
P_{39}	用户身份识别率	×	×	×	×	×
P_{40}	设备入网识别率	×	×	×	×	×
P_{41}	台站空间密度	×	×	×	×	×
P_{42}	台站频域密度	×	×	×	×	×
P_{43}	频段占用度	×	×	×	×	×
P_{44}	最大连续频谱	×	×	×	×	×
P_{45}	信道占用度	×	×	×	×	×
P_{46}	技术效率	×	×	×	×	×

第三步：求归一化矩阵

当指标为效益型时，进行无量纲化处理，分别求第 i 个被评估对象关于第 j 个指标的评估最大值、最小值，并由效益型转换系数公式求归一化评估值。

当指标为模糊区间型时，分别求第 i 个被评估对象关于第 j 个指标的评估最大值、最小值，并由模糊区间型转换系数公式求归一化评估值。

当指标为“典型排序”型时，先按照“德尔菲—分层熵值赋权法”转化成数值型测量值，然后按照效益型公式计算归一化评估值。结果示例见表 6.8。

表 6.8　本地区网信资源潜力指数评估归一化数据示例表

指标名称	Max	Min	归一化评估数据（百分制）				
			对象 1	对象 2	对象 3	对象 4	对象 5
P_1	×	×	×	×	×	×	×
P_2	×	×	×	×	×	×	×
P_3	×	×	×	×	×	×	×
P_4	×	×	×	×	×	×	×
P_5	×	×	×	×	×	×	×
P_6	×	×	×	×	×	×	×
P_7	×	×	×	×	×	×	×
P_8	×	×	×	×	×	×	×
P_9	×	×	×	×	×	×	×
P_{10}	×	×	×	×	×	×	×
P_{11}	×	×	×	×	×	×	×
P_{12}	×	×	×	×	×	×	×
P_{13}	×	×	×	×	×	×	×
P_{14}	×	×	×	×	×	×	×
P_{15}	×	×	×	×	×	×	×
P_{16}	×	×	×	×	×	×	×

（续）

指标名称	Max	Min	归一化评估数据（百分制）				
			对象 1	对象 2	对象 3	对象 4	对象 5
P_{17}	×	×	×	×	×	×	×
P_{18}	×	×	×	×	×	×	×
P_{19}	×	×	×	×	×	×	×
P_{20}	×	×	×	×	×	×	×
P_{21}	×	×	×	×	×	×	×
P_{22}	×	×	×	×	×	×	×
P_{23}	×	×	×	×	×	×	×
P_{24}	×	×	×	×	×	×	×
P_{25}	×	×	×	×	×	×	×
P_{26}	×	×	×	×	×	×	×
P_{27}	×	×	×	×	×	×	×
P_{28}	×	×	×	×	×	×	×
P_{29}	×	×	×	×	×	×	×
P_{30}	×	×	×	×	×	×	×
P_{31}	×	×	×	×	×	×	×
P_{32}	×	×	×	×	×	×	×
P_{33}	×	×	×	×	×	×	×
P_{34}	×	×	×	×	×	×	×
P_{35}	×	×	×	×	×	×	×
P_{36}	×	×	×	×	×	×	×
P_{37}	×	×	×	×	×	×	×
P_{38}	×	×	×	×	×	×	×
P_{39}	×	×	×	×	×	×	×
P_{40}	×	×	×	×	×	×	×

（续）

指标名称	Max	Min	归一化评估数据（百分制）				
			对象 1	对象 2	对象 3	对象 4	对象 5
P_{41}	×	×	×	×	×	×	×
P_{42}	×	×	×	×	×	×	×
P_{43}	×	×	×	×	×	×	×
P_{44}	×	×	×	×	×	×	×
P_{45}	×	×	×	×	×	×	×
P_{46}	×	×	×	×	×	×	×

四、对综合评估结果定性分析

对于已经得到的“综合评估值”，仅从数值上分析只能对若干评估对象做出递升或递减排序，但还不能反映出数值所代表的应达到的“能力”或“水平”的含义。我们认为，应根据一定的标准和规则，确定综合评估结果的等级。例如，将评估结果“很差”“差”“一般”“好”“很好”五个等级，分别对应的数值区间为[0,0.20)、[0.20,0.60)、[0.60,0.80)、[0.80,0.90)、[0.90,1.00]。如果被测对象的综合评估值是0.43，则认为，该对象情况为“差”；如果综合评估值是0.85，则认为，该对象情况为“好”。

参 考 文 献

[1] 全国人大常委会．中华人民共和国国防动员法［EB/OL］．[2010-2-26]．https://www.gov.cn/zhengce/2010-02/26/content_2602240.htm.

[2] 国家标准委．国民经济行业分类：GB/T 4754—2017［S/OL］．北京：国家统计局，2017：06［2017-06-30］．https://www.stats.gov.cn/xxgk/tjbz/gjtjbz/201710/t20171017_1758922.html.

[3] 国家统计局．高技术产业（制造业）分类（2017）[S/OL]．北京：国家统计局，2017：12［2017-12-11］．https://www.stats.gov.cn/xxgk/tjbz/gjtjbz/202008/t20200811_1782329.html.

[4] 国家统计局．高技术产业（服务业）分类（2018）[S/OL]．北京：国家统计局，2018：04［2018-04-26］．https://www.stats.gov.cn/xxgk/tjbz/gjtjbz/201805/t20180509_1758924.html.

[5] 国家统计局．国家科技服务业统计分类（2018）[S/OL]．北京：国家统计局，2018：12［2018-12-06］．https://www.stats.gov.cn/xxgk/tjbz/gjtjbz/202008/t20200811_1782345.html.

[6] 国家统计局．数字经济及其核心产业统计分类（2021）[S/OL]．北京：国家统计局，2021：06［2021-06-03］．https://www.stats.gov.cn/xxgk/tjbz/gjtjbz/202106/t20210603_1818135.html.

[7] 中国互联网络信息中心．第53次中国互联网络发展状况统计报告［R］．北京：中国互联网络信息中心，2024.

[8] 徐涛．战时国防动员组织指挥概论［M］．北京：兵器工业出版社，2022.

[9] 杜海强．国防动员学教程［M］．2版．北京：军事科学出版社，2013.

[10] 徐奎．国防动员战略转型论［M］．北京：兵器工业出版社，2023.

[11] 薛志亮．国防动员战略论［M］．北京：军事科学出版社，2011.

[12] 军民融合与国防动员发展研究中心．国外国防科研生产能力发展与监管研究［M］．哈尔滨：哈尔滨工程大学出版社，2020.

[13] 戴涛，张羽．国家国防动员与危机管理战略论［M］．北京：社会科学文献出版社，2016.

[14] 张纪海，陈妍．国民经济动员决策支持系统［M］．北京：国防工业出版社，2018.

[15] 李崑，彭洁，宋爽．通信装备作战试验评估指标体系研究［J］．通信技术，2018

（7）：1649-1655.

[16] 孟祥宇，徐恒伟，辛宁．“大数据”思维下的国防动员潜力调查［J］. 科技风，2018（11）：225.

[17] 安永兵，刘强．包头市军地合力提升国防动员潜力调查工作质效［J］. 国防，2019（4）：50.

[18] 王永明．大力加强国防动员潜力调查统计工作［J］. 国防，2018（4）：62-64.

[19] 孔昭君，史文强，韩秋露．大数据时代国防动员潜力调查之路［J］. 北京理工大学学报（社会科学版），2018（1）：110-117.

[20] 赵相权，钱伟．大力加强国防动员潜力调查统计工作［J］. 国防，2017（4）：29-32.

[21] 钟军．关于利用大数据创新国防动员潜力调查工作模式的探索［J］. 信息技术与信息化，2016（9）：99-105.

[22] 张劲松，张洲．国防动员潜力统计调查面临的问题及其成因与对策［J］. 国防，2015（5）：45-47.

[23] 肖海，等．基于 ANP 的卫星通信网络通信能力评估［J］. 现代防御技术，2016（4）：109-113.

[24] 薛宝仪．加强和改进国防动员潜力统计调查工作的思考［J］. 国防科技，2017（6）：72-75.

[25] 李建海，袁飞林，杨高明．坚持问题导向　加强国防动员潜力统计调查工作［J］. 国防，2019（3）：34-36.

[26] 张黎鸿．聚焦真打实备　聚力精细抓实　提高国防动员潜力统计调查工作质量［J］. 国防，2019（11）：42-44.

[27] 佚名．频谱资源利用的评价指标体系［J］. 中国无线电，2015（1）：21-22.

[28] 张黎鸿．提升国防动员潜力调查质量效益研究［J］. 国防，2018（8）：30-32.

[29] 宋乃宏．新时代做好国防动员潜力统计调查工作的几点思考［J］. 国防，2019（8）：58-60.

[30] 韩兵，高亮．新形势下做好国防动员潜力调查工作的几点思考［J］. 国防，2018（2）：62-63.